Uli Geißler

Jolly Joggers und Lilly Lindes
großes, grasgrünes
Umwelt-Spiel- und Spaßbuch

Ökotopia Verlag, Münster

Impressum

Autor:
Uli Geißler

Titelgrafik und Illustration:
Grafikbüro Tacke & Partner, Duisburg

Druck:
Druckwerkstatt Hafen GmbH, Münster

© 1993 by Ökotopia Verlag Münster

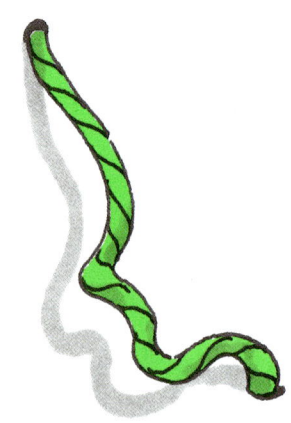

Dieses Buch wurde auf garantiert chlorfreiem, umweltfreund-
lichem Papier gedruckt. Im Bleichprozeß wird statt Chlor
Wasserstoffperoxid eingesetzt.
Dadurch entstehen keine hochtoxischen CKW (Chlorkohlen-
wasserstoff)-haltigen Abwässer.

CIP-Titelaufnahme der Deutschen Bibliothek:

Jolly Joggers und Lilly Lindes grosses, grasgrünes Umwelt-Spiel-
und Spassbuch / Uli Geissler. [Ill.: Grafikbüro Tacke & Partner]. –
Münster: Ökotopia-Verl., 1993
ISBN 3–925169–55–5
NE: Geissler Uli; Tacke, Neumann & Partner, Kommunikation
und Grafikdesign GmbH <Duisburg>; Grosses, grasgrünes
Umwelt-Spiel- und Spassbuch; Umwelt-Spiel- und Spassbuch

Inhalt

Jolly Jogger und Lilly Linde…

Dieses Buch widme ich allen, die sich ihre Phantasie und die Fähigkeit bewahrt haben, ihre Umwelt mit all ihren Sinnen wahrzunehmen und zu erforschen. Es ist für Menschen geschrieben, die fühlen, spüren, riechen, schmecken, hören, sehen und empfinden und sich an den kleinen und großen Schönheiten und Wundern der Natur erfreuen können. Aus dieser Kraftquelle sollen sie schöpfen und sich stärken für den Erhalt und die Bewahrung der Natur, damit noch viele weitere Generationen lustvoll in ihr spielen, sich bewegen und intensive Erfahrungen machen können.

Herzlich danken möchte ich allen, die mitgespielt haben und wichtige PartnerInnen bei der Entwicklung und Erprobung der Spielideen waren. Vielen Dank auch für die Zustimmung, Fotos von Spielsituationen veröffentlichen zu dürfen. Ihr sollt wissen, daß es mir mit Euch immer Spaß gemacht hat.

Besonders danke ich natürlich meiner lieben Frau Rosi und meinen beiden Buben Benedikt und Ferdinand, die manchmal lieber mit mir gespielt hätten, als zuzusehen, wie ich dieses Buch schreibe.

Uli Geißler im Juni 1993

Zu Beginn

Spielen gehört zum Menschsein wie Essen, Trinken oder Schlafen und ist – egal in welcher Umwelt wir uns bewegen – immer eine Art »Katalysator für die Seele«.

Jolly Jogger und Lilly Linde wollen anregen, gemeinsam zu spielen und sich in fröhlicher Weise mit den Gegebenheiten um uns herum zu beschäftigen, die »Umwelt« wahrzunehmen, in ihr und mit ihr zu leben und zu lachen. Wenn die »grüne« Sonne kitzelt, ist es Zeit, gemeinsam Natur- und Umweltspiele zu machen, die alle begeistern und die Menschen zusammen etwas Schönes erleben läßt. Natürlich (!) geht das auch, wenn sich das Wetter einmal von seinen ganz anderen Seiten zeigt, also wenn Regen, Nebel, bedeckter Himmel oder gar Schnee den Tag bestimmen. Die Natur und die alltägliche Umgebung spielerisch zu entdekken – so wie sie dort sich bietet, wo jede/r einzelne sich gerade befindet – ist das Ziel meines Buches.

Das Buch ist gedacht für alle Menschen, groß und klein, die Freude daran haben, etwas zu entdecken, zu erforschen, kennenzulernen und sich vor neuen Erlebnissen und Erfahrungen nicht scheuen. Besonders beim gemeinsamen Spiel im Dorf, in der Stadt, im Wald, einfach »in unserer Umwelt« können intensive Erfahrungen gemacht werden, die sicher unauslöschlich das Leben prägen. Alle Spiele können mit Familien oder auch größeren Gruppen gespielt werden, die Mindest-SpielerInnen-Anzahl ist jeweils angegeben. *Wichtig ist mir, darauf hinzuweisen, daß alle Spiele auch von Älteren und insbesondere von Erwachsenen zu spielen und zu erleben sind. Sinneserfahrung ist nicht vom Alter abhängig.*

Bei den Spielen geht es einerseits um passive Erlebnisse, also um Situationen und Gegebenheiten, die ohne den Einfluß des Menschen wirken, andererseits wird aber viel durch das Zutun der Spielerinnen und Spieler enstehen und sich entwickeln. Das ist ebenso wichtig und bedeutend. Alle Menschen sind Geschöpf, aber auch Schöpfende!

Eine Besonderheit in diesem Buch ist der Abschnitt »Jolly Jogger und Lilly Linde schaffen wahre Kunst«. Hier wird der Mensch in seiner Ganzheitlichkeit ernst genommen und als Bestandteil des Gesamten angesprochen. In phantasievoller Weise gestalten die SpielerInnen in und mit der Natur, drücken sich sensibel und künstlerisch aus. Was mir auch immer sehr wichtig erscheint, ist das Spielen mit wenig Material. Nicht nur, weil es Geld kostet, sondern weil uns die Natur so viele Möglichkeiten bietet und

mich die häufig unbedachte Materialverschwendung bei Spielaktionen ganz unglücklich macht. Es ist nicht notwendig, einen
Berg Materialien anzuschleppen, um gute Spiele zu machen.
Auf ganz einfache Art und Weise regen Jolly Jogger und Lilly
Linde an, eigenes Verhalten einmal kritisch zu beleuchten und in
eine neue, positive Richtung zu verändern. Denn diese Frage
stellt sich immer wieder: Haben 10 Jahre Umweltspiele eigentlich
etwas bewirkt? Meiner Ansicht nach schon. Meine Hoffnung ist,
daß auch künftig Menschen im Spiel starke Erfahrungen machen
und dadurch eventuell zu Erkenntnissen gelangen, die einen
sinnvollen und doch schonenden Umgang mit dem natürlichen
Lebensraum gewährleisten. Das und viel Spaß in möglichst üppi-
ger und unverbrauchter Natur wünscht allen Anwenderinnen und
Anwendern dieses Buches

Uli Geißler (und natürlich Jolly Jogger und Lilly Linde)

Jolly Jogger und Lilly Linde haben alle Sinne beisammen

»Weißt du,« erklärt Lilly Linde, »der Mensch ist nicht nur ein denkendes Wesen, sondern er zeichnet sich auch durch differenzierte Wahrnehmungsmöglichkeiten aus. So können wir riechen, schmecken, hören, fühlen, sehen und empfinden. Unsere Umwelt bietet für all diese Sinnestätigkeiten unendlich viel – es wartet nur darauf, entdeckt und erlebt zu werden. Wer dabei glaubt, nur im tiefsten Wald, am stillsten See oder auf der grünsten Wiese können solche Sinne nutzvoll sein, täuscht sich. Auch in der Stadt oder in weniger »natürlichen« Umgebungen gibt es etwas zu entdecken und zu erleben. Wichtig ist nur, sich darauf einzulassen.« Jolly Jogger weiß Bescheid. »Und es sind schließlich viele, viele Dinge des Alltags, die selbstverständlich – oder soll ich ›natürlich‹ sagen? – auch unsere Sinne beanspruchen, anregen oder herausfordern. Auch sie bieten sinnliche Erfahrungen, manchmal angenehm, bisweilen auch unangenehm. Laß uns doch ein paar Versuche unternehmen…«

1
2
3
4
5
6
7
8

Nase hoch

Meine Nase sagt mir, das bist du

Anzahl:
Ab 6 SpielerInnen

Material:
Mindestens so viele Stoffläppchen und für je zwei MitspielerInnen das gleiche ätherische Öl

Ort:
Überall

Immer zwei Leute bilden ein Paar. Jedes Paar bekommt ein Stoffläppchen mit dem gleichen Duft. Die Paare lösen sich auf und verteilen sich möglichst weit voneinander entfernt auf der vorgegebenen Spielfläche. Ein Signal gibt an, daß alle die Augen schließen sollen. Die Spielleitung »vermischt« nun noch ein bißchen die Spielerinnen und Spieler. Die Aufgabe besteht nun darin, daß sich die Duftpaare wieder finden. So schnuppern alle los, um den gleichen Geruch wie den eigenen zu finden. Dabei halten sie freilich die Augen geschlossen und tasten sich vorsichtig mit hochgereckter Nase voran. Personen dürfen freilich nicht berührt werden, um das Wiedererkennen anhand der Kleidung auszuschließen. Treffen sich welche, streckt jede/r nur das Duftläppchen nach vorne.

Gute Nase führt zum Ziel

Anzahl:
Ab 3 SpielerInnen

Material:
Stoffreste, ätherische Öle, notfalls Parfüms

Ort:
Überall

Für eine »Sinnes-Strecke« werden Stoffstückchen zu einem Säckchen zusammengebunden, mit verschieden riechenden Gewürzen gefüllt oder mit ätherischen Ölen getränkt. In einer sinnvollen Reihenfolge und in gleicher Häufigkeit verteilt man sie dann im Zimmer oder auf dem Waldweg, der Wiese oder dem Hinterhof. Dabei wird darauf geachtet, daß jede Geruchsart einen bestimmten zusammenhängenden Weg ergibt. Beispielsweise ergibt »Lavendel« eine große Spirale, während »Pfefferminze« einen »Zickzack«-Kurs ergibt. Vanille ist »treppenstufig« ausgelegt und »Jasmin« führt in weiten Bogen über die Fläche. Alle Mitspielerinnen und Mitspieler sollen nun die vorgegebene »Geruchsfläche« abriechen und feststellen, in welcher Weise die Gerüche verteilt wurden. Wer findet zuerst heraus, welcher Geruch welche »Labyrinth«-Form ergibt?

Hinweis: Günstig ist es, die Stoffsäckchen mit den verschiedenen Gerüchen sowie die diversen Strecken schon vorbereitet zu haben, so daß die Spielerinnen und Spieler nicht warten müssen und sofort »losriechen« können. Zu großes Durcheinander beim Erriechen der Wege durch eine gewisse Reihenfolge eindämmen.

Was riecht denn da?

Es werden Paare gebildet. Jeweils eine/r dieser beiden schließt die Augen. Wer die Augen offen hat, führt die »blinde« Person an eine bestimmte Stelle oder zu einem ausgesuchten Ding. Aufgabe ist, herauszuriechen, um was es sich handelt. Das kann eine Blüte oder ein modriges Stück Holz, ein alter Autoreifen, der Abfallkorb an der Bushaltestelle oder auch ein Beutel Tee sein. Sobald es erraten wurde, werden die Rollen getauscht.

Variante: Verschieden riechende Dinge, Gewürze oder auch ätherische Öle werden in kleine Stoffsäckchen gefüllt. Es muß herausgefunden werden, was im Säckchen eingefüllt ist.

Hinweis: Wer mit verschlossenen Augen geführt wird, bedarf einer außerordentlich vertrauensvollen Behandlung. Wer führt, muß diesem Vertrauensvorschuß durch erhöhte Fürsorge gerecht werden. Sollte jemand unsicher werden, können die Augen auch zur Versicherung geöffnet werden, jedes Sehen mindert allerdings in diesem Fall die Wahrnehmungserfahrung. Bei jüngeren Kindern nicht zu viele Paare gleichzeitig aktiv werden lassen, um den Überblick zu wahren und gegebenenfalls einzugreifen.

Anzahl:
Ab 4 SpielerInnen

Material: –

Ort:
Überall, wo es Dinge gibt, die gerochen werden können.

Ich riech' am meisten

Das Startzeichen wird gegeben. Alle schnuppern los und versuchen möglichst viele verschiedene Gerüche in der Umgebung wahrzunehmen. Nach etwa zehn Minuten soll jede/r berichten, wie viele Gerüche sie bzw. er entdeckt hat. Zur Kontrolle wird gemeinsam »probegerochen«. Gibt es mehr angenehme oder mehr unangenehme Gerüche? Warum?

Variante: Sind die Mitriecherinnen und Mitriecher schon etwas älter (etwa 9jährige und älter), umschreiben sie ihre Gerüche, und wer errät, welcher Geruch gemeint ist, ist als nächste/r mit Umschreiben dran.

Hinweis: Das Spielgebiet eingrenzen und bei den Ergebnissen auf konzentrierte Berichterstattung und klare Trennung der einzelnen Geruchserlebnisse achten. Es geht um die Vielfalt der Gerüche und nicht um den aufgesetzten Spielsieg.

Anzahl:
Ab 3 SpielerInnen

Material: –

Ort:
Überall

Schnuppory

Wie der Titel schon andeutet, handelt es sich bei »Schnuppory« um ein Geruchs-Merkspiel, ähnlich dem bekannten »Memory«. Kleine, möglichst exakt gleich ausgeschnittene Stoffstückchen werden jeweils paarweise mit unterschiedlichen ätherischen Ölen oder notfalls mit verschiedenen »Duftwässerchen« (Parfüms, Rasierwasser, Deos usw.) getränkt. Zwanzig bis achtundzwanzig verschiedene Duftstückchen werden für etwa zehn bis vierzehn Paare zunächst gemischt und dann in gleichmäßigen Reihen ausgelegt. Eine/r beginnt, nimmt sich einen Stoff, schnuppert daran und holt sich ein zweites Stück. Ist es der gleiche Duft, dürfen beide Geruchsfetzchen behalten werden, andernfalls werden sie auf ihre Ursprungsplätze zurückgelegt und jemand anderes kommt an die Reihe. Wer ein richtiges Duftpaar entdeckt hat, darf einen weiteren Versuch unternehmen, zwei Stoffe nehmen und riechen. Wer am Ende die meisten Geruchspaare gesammelt hat, hat nicht nur eine gute Nase, sondern auch noch ein gutes Gedächtnis.

Hinweis: Die Stoffstückchen sollten relativ frisch vorbereitet werden, damit die Düfte klar und deutlich zu unterscheiden sind. Nach dem Spiel jeden Geruch einzeln in einem dicht verschließbaren Tütchen aufbewahren und vor einem weiteren Spiel wieder auffrischen. Bei künstlichen Düften (Parfüms usw.) sollte deutlich gemacht werden, daß es sich um keine natürlichen Düfte handelt.

Anzahl:
Ab 3 SpielerInnen

Material:
Stoffreste, ätherische Öle, Gewürze oder andere riechende Dinge

Ort:
Überall

In der Nase liegt die Würze

Anzahl:
Ab 3 SpielerInnen

Material:
Kleine Gefäße (z. B. Filmdöschen) mit verschiedenen Gewürzen; Zettel mit unterschiedlichen Gewürzkombinationen; ggf. Tisch, Brett, Tablett.

Ort:
Überall

Verteilt auf einem Tisch, Tablett, Brett oder einer ebenen Fläche stehen etwa zehn kleine gleich aussehende Gewürzdöschen. Zuerst dürfen alle sämtliche Gewürze einmal riechen. Die Namen der Duftstoffe werden ebenfalls bekannt gemacht. Dann zieht eine/r einen Zettel mit einer bestimmten Gewürzkombination, z.B. Zimt, Kardamon, Zucker, Zitronat und Vanille. Diese/r SpielerIn schließt die Augen, öffnet nach und nach alle Döschen und riecht daran.
Aufgabe ist es, in der auf dem Zettel vorgegebenen Reihenfolge die richtigen Gewürze herauszufinden und nebeneinanderzustellen. Wer glaubt, es geschafft zu haben, öffnet die Augen. Die ausgewählten Gewürze werden überprüft und wieder verschlossen. Wieder schließt jemand die Augen. Die Gewürzdöschen

werden kurz gemischt, und schon darf wieder gerochen werden

Variante: Es können auch Duftstoffe aus dem Haushalt verwendet werden. Allerdings muß für die Unterbringung der Düfte meistens ein größerer Vorbereitungsaufwand betrieben werden. Denkbar sind Stoffe wie Seife, Schuhcreme, Zahnpasta, Möbelpolitur, Rasierwasser, Kaffeesatz, Kakao, Obst usw.

Hinweis: Verwenden Sie überwiegend stark riechende Gewürze. Damit der Reiz des Spieles erhalten bleibt, sollten alle Beteiligten darauf hingewiesen werden, daß sie die Augen wirklich geschlossen halten sollen. Schulneulingen muß der Text meistens vorgelesen werden.

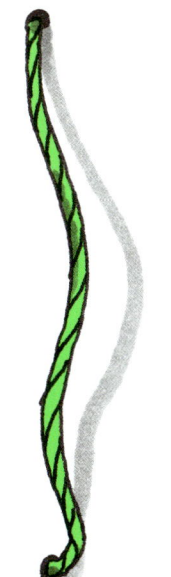

Meine Nas' – die riecht da was

Alle stellen sich zusammen und schließen die Augen. Jede/r soll sich konzentrieren auf das, was zu riechen ist. Das kann der Gestank der vorbeifahrenden Autos sein, der Hauch von Parfüm einer vorbeigehenden Dame, der Essensgeruch oder die Abluft aus einem Restaurant, die Gerüche einer nahe liegenden

Wäscherei oder der zarte Duft von Stiefmütterchen eines städtischen Blumenkübels. Nach einer Weile erzählen alle von ihren intensivsten Riecherlebnissen, benennen dabei angenehme und unangenehme Gerüche.

Hinweis: Zeit zur differenzierten Wahrnehmung lassen.

Anzahl:
Ab 3 SpielerInnen

Material: –

Ort:
Überall

Augen auf

Was ich sehe, das ist grün

Anzahl:
Ab 3 SpielerInnen

Material: –

Ort: Überall

Altbekannt und trotzdem gut: Während eines Spazierganges, aber auch an einem festen Ort beginnt eine/r als aktive/r SpielerIn. Sie oder er sucht möglichst unauffällig in der Umgebung irgendetwas Grünes. Das kann ein Teil eines Blumenkastens sein, ein Stück Stoff von einer Markise, die Jacke des Verkehrspolizisten oder eine schöne Pflanze. »Was ich sehe, das ist grün« lautet die Aufforderung für die MitspielerInnen, sich umzusehen. Wer zuerst das richtige grüne Etwas entdeckt, wird nächste/r aktive/r SpielerIn.

Variante: Es werden andere Farben oder bestimmte Materialien, wie zum Beispiel Holz, Metall, Kunststoff, Stein, Stoff, Glas usw., als Ausgangslage genommen.

Variante: Etwas schwieriger ist dieses Spiel, wenn beispielsweise Pflanzen oder Tiere aus der Umgebung ausgewählt und beschrieben werden. Sie müssen in der Nähe vorhanden und zu erkennen sein, brauchen aber selbstverständlich nicht nur grün sein.

Beispiel: *Es ist ganz braun und glänzt. An einer Seite ist es etwas weißlich. Wenn ich es wegwerfe, kullert es noch ein wenig herum, bis es liegen bleibt. Es könnte aber auch platzen. Wenn es noch sehr jung ist, ist es außen grün und mit vielen Stacheln versehen.*

Hinweis: Achtgeben, daß vor lauter Umherblicken der Verkehr nicht vergessen wird.

Wo ist mein Baum?

Anzahl:
Ab 4 SpielerInnen

Material: –

Ort:
Waldrand

Immer zwei bilden ein Paar. Eine/r von beiden schließt die Augen oder wendet sich ab, während die bzw. der andere sich in einiger Entfernung einen bestimmten Baum aussucht. Dieser Baum soll sehr genau und intensiv betrachtet und es sollen besondere Merkmale gesucht werden. Wer genug gesehen hat, beschreibt der Partnerin bzw. dem Partner den ausgewählten Baum, ohne allzu auffällig hinzusehen. Die eben noch blinden SpielerInnen sollen die Bäume entdecken. Ist das geschafft, wird gewechselt.

Variante: Statt eines Baumes kann ein Felsabschnitt, ein Gebäude, eine Uferregion eines Flusses oder der Ausschnitt einer Landschaft beschrieben werden.

Hinweis: Jüngeren Kindern sollte vor Beginn des Spieles exem-
plarisch ein Baum oder Strauch beschrieben werden.

Schmuckstücke
für dich und für mich

In einem begrenzten Gebiet schwärmen alle aus und suchen sich
Bestandteile für ein kleines, persönliches Schmuckstück. Einzige
Bedingung: es darf nur aus natürlichen und umherliegenden Tei-
len gestaltet werden. Das sind vielleicht Wurzelstückchen, Kno-
chen, Rinden, Steinchen, taunasse Blätter, Schneckenhäuschen,
Tierhaare oder angenagte Früchte.

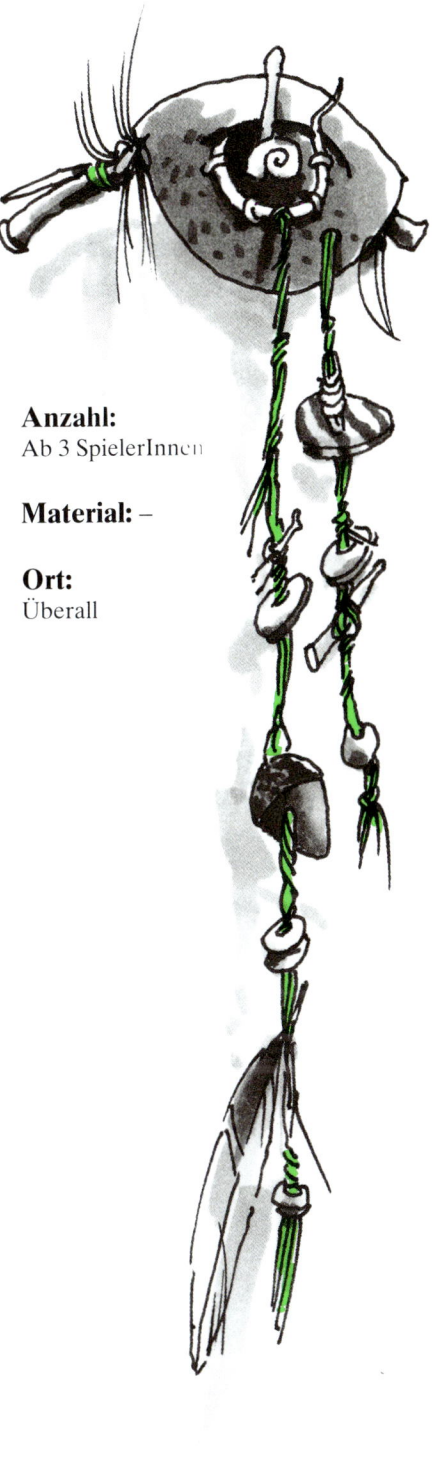

Anzahl:
Ab 3 SpielerInnen

Material: –

Ort:
Überall

Variante: In der Stadt werden sicher noch andere Gegenstände
herumliegen, wie beispielsweise Flaschenverschlüsse, Papierfet-
zen, Kunststoffteilchen, eventuell Glasscherben.

Hinweis: Bei der Variante muß auf mögliche Verletzungsgefahren
durch scharfe Gegenstände hingewiesen werden. Damit es keine
Enttäuschungen gibt, sollte vor dem Spiel unbedingt angekündigt
werden, ob das Schmuckstück für eine/n selbst oder für eine
andere Person entstehen soll.

Ich hab' noch eins

Anzahl:
Ab 3 SpielerInnen

Material:
Unterschiedlichste Blätter, eventuell ein Bestimmungsbüchlein

Ort:
Überall, wo Büsche, Bäume, Hecken wachsen

Zehn Minuten lang sollen alle möglichst viele, verschiedene Blätter sammeln. Am Schluß werden sie ausgelegt und eventuell bestimmt.

Variante: An anderen Spielorten können auch nur Dinge aus Metall, nur aus Papier oder nur glitzernde Dinge gesammelt werden. Wer die meisten innerhalb der Zeit zusammenbringt, hat gewonnen. Handelt es sich bei dem Sammelgut um Abfall, ist ein kleines Fleckchen Erde davon befreit worden.

Hinweis: Die Blätter sollen nicht von den Ästen abgerissen, sondern gegebenenfalls vorsichtig abgezwickt werden.

Das ist der richtige

Anzahl:
Ab 3 SpielerInnen

Material:
Vorbereitete, ausgeschnittene Silhouetten einheimischer Bäume; eventuell ein kleines Bestimmungsbüchlein

Ort:
Mischwald

Aus einer Vielzahl von Kärtchen mit ausgeschnittenen Baumsilhouetten zieht jede/r ein bis drei Kärtchen und macht sich auf die Suche nach den dazugehörigen Bäumen. Dabei wird das Kärtchen in einiger Entfernung vors Gesicht gehalten und hindurchgeschaut. Wer meint, den passenden Baum zur vorhandenen Silhouette gefunden zu haben, merkt sich, wo der Baum steht. Nach einer Weile treffen sich alle, und jede/r führt seine Bäume vor, die restlichen Mitspielerinnen und Mitspieler blicken kritisch durch den »Silhouetten-Sucher«, überprüfen also das Ergebnis.

Hinweis: Gängige Baumsilhouetten müssen aus postkartengroßen Pappstücken ausgeschnitten werden. Darauf achten, daß es die Bäume am Spielort auch tatsächlich gibt. Reizvoll sind auch sehr seltene Bäume, sofern sie zu finden sind.

Adlerauge

Die Spielleitung nennt eine Reihe von Dingen, die innerhalb der nächsten zehn Minuten zu sammeln sind. Nach zehn Minuten kommen alle zusammen und zeigen ihre Fundstücke. Hat jemand alles zusammenbekommen? Beispiele für Suchvorgaben: ein bemoostes Rindenstück, eine Feder, ein Knochen, ein Schneckenhaus, eine Frucht, etwas Eßbares, etwas Kuscheliges, etwas Wohlriechendes, etwas Feuchtes, etwas Muffiges, etwas Glänzendes, etwas Weißes,
etwas Blaues,
etwas Schwarzes,
etwas Warmes,
etwas Kaltes,
etwas Spitzes,
etwas Rundes,
eine Blüte,
etwas Unnatürliches, Tierhaare,
eine Eierschale.

Anzahl:
Ab 3 SpielerInnen

Material:
eventuell vorbereitete Liste mit notierten Gegenständen

Ort:
Überall

Hinweis: Schön ist dieses Spiel im Wald, aber es ist auch im Stadtpark, am Dorfweiher, am Rand des Marktplatzes oder in einer Seitengasse möglich. Wichtig: es darf nichts gewaltsam der Natur entrissen werden!

Ameisen-Tour

Jede/r bekommt ein Stück Schnur und sucht sich einen Ort, der damit »eingezäunt« wird. Alle beugen sich zu diesem kleinen Flecken Bodenfläche herunter und stellen sich vor, sie wären eine Ameise, die zu ihrem Bau unterwegs ist. Auf diesem langen und beschwerlichen Weg entdeckt die Ameise zahllose interessante Dinge. Nur wer ganz genau hinsieht, wird diese Besonderheiten auch sehen. Nach einiger Zeit der Beobachtung können sich alle über ihre Entdeckungen austauschen. Es ist erstaunlich, was sich im Kleinen alles verbirgt.

Anzahl:
Ab 3 SpielerInnen

Material:
Etwa 1,5 Meter Schnur für jede/n

Ort:
Überall

Hinweis: Die Schnüre schon vorher zurechtschneiden. Das Spielgebiet kann aber auch mit Stöcken und Steinchen eingegrenzt werden.

An der Hand erkannt

Anzahl:
Ab 6 SpielerInnen

Material: –

Ort:
Wald mit dichtstehenden,
glattstämmigen Bäumen

Eine/r wird als StarterIn ausgewählt. Sie bzw. er dreht sich von den restlichen Spielerinnen und Spielern weg. Die anderen laufen etwas weiter in den Wald und jede/r versteckt sich hinter einen Baum. Dann umfaßt jede/r den Stamm mit beiden Armen, so daß von vorne nur noch die Hände zu sehen sind. Die bzw. der einzelne soll jetzt aus einiger Entfernung erkennen, wer hinter welchem Baum steht. Freilich soll das allein anhand der sichtbaren Hände herausgefunden werden.

Hinweis: Die MitspielerInnen sollten erst einmal üben, sich möglichst dünn zu machen und abstehende Jacken ablegen. Es ist notwendig, daß die Spielleitung auf die Einhaltung der Regel achtet. Wer rät, soll wirklich nur anhand der Hände herausfinden, wer wo steckt.

Das war doch ganz anders

Anzahl:
Ab 4 SpielerInnen

Material: –

Ort:
Wald, aber auch überall

Es werden zwei oder mehrere Kleingrüppchen zu je zwei bis fünf Mitgliedern gebildet. Jede Gruppe steckt für sich ein etwa fünf mal fünf Meter großes Gebiet im Wald, auf dem Hinterhof oder auch im Stadtpark ab. Dann treffen sich immer zwei Gruppen an einem Spielort. Alle sehen sich die eingegrenzte Fläche gut an und merken sich Details der Beschaffenheit, der Lage von Dingen oder auch den Lichteinfall und die Häufigkeit vorkommender Gegenstände.
Dann wendet sich eine Gruppe ab, während die andere innerhalb der Spielfläche etwa zehn Dinge verändert. Nun ist die Aufgabe für die Rategruppe herauszufinden, was innerhalb des Spielgebietes umgestellt, hinzugefügt oder weggenommen wurde. Wurde alles entdeckt, wechseln die Gruppen den Spielort. Dort darf die eben noch ratende Gruppe die Veränderungen vornehmen.

Hinweis: Die entstehenden Spielgebiete sollten alle nahezu gleich groß sein, um Ungerechtigkeitsempfinden auszuschließen. Gegebenenfalls steckt die Spielleitung die Gebiete grob ab. Nach dem Spiel sollte nicht erkennbar sein, wo gespielt wurde.

Meine Struktur

Alle SpielerInnen wandern schweigend in eigener Geschwindig-keit eine bestimmte, vorher vereinbarte Strecke entlang. Während dieses konzentrierten Spazierganges sollten sie zu ande-ren möglichst keinen Kontakt aufnehmen, sondern sich aus-schließlich mit der sie umgebenden Natur befassen. Intensiv beobachtet jede/r Strukturen und Oberflächen, Lichteinfall und Schattenflächen, die sich am Rande der Strecke entdecken lassen. Besonders auffällige Strukturen (glitzernde, matte, helle, dunkle, rauhe, weiche, fließende, unterteilte, gestreifte, gefleckte, schat-tierte usw.) können genauer untersucht und mit allen Sinnen wahrgenommen werden. Am Ende schließt jede/r die Augen und versucht, sich noch einmal alle entdeckten und wahrgenommenen Oberflächen und Entdeckungen zu vergegenwärtigen. Schließlich soll jede/r für sich eine »Lieblingsstruktur bzw. -oberfläche« fin-den und sich ihre Beschaffenheit und Wirkung gut einprägen. Nun werden Paare gebildet. Möglichst ausführlich und begründet berichten sich die beiden gegenseitig von ihrer »Lieblingsstruk-tur«, und weshalb gerade diese sie so angesprochen hat.

Hinweis: Interessant ist bei diesem Spiel, daß sich viele Menschen eine Struktur heraussuchen, die auch ihrer persönlichen inneren Struktur entspricht oder manchmal auch genau das Gegenteil darstellt. Emotionale Bedürfnisse werden in spürbare und opti-sche Erwartungen und Sehnsüchte umgesetzt. Diesen Gedanken kann jede/r für sich einmal nachgehen.

Hinweis: Eine ausgezeichnete Fortführung dieses Spieles ist »Strukturgesicht« im Kapitel »Jolly Jogger und Lilly Linde schaf-fen wahre Kunst«.

Anzahl:
Ab 5 SpielerInnen

Material: –

Ort:
Wald, Waldrand, Feldrand, Wiese, Park

Quatsch in Bäumen

Anzahl:
Ab 5 SpielerInnen

Material: –

Ort:
Wald, aber auch überall

Ein großes Gebiet wird abgegrenzt, entweder durch Stöcke, Steine, Kreidestriche oder auch Kleidungsstücke bzw. Nennung bestimmter Eckmerkmale (»Vom Telefonmast bis zur Regentonne, vom Baumstumpf bis zum Grundstein«). Die Spielleitung hat in diesem Gebiet vor Beginn des Spieles zahlreiche Gegenstände versteckt, die nicht an den vorgegebenen Ort gehören (Ahornblätter im Nadelbaum, Nagellackfläschchen im Blütenstand, Autobahnschild am Jägerstand, Getränkedose auf dem Moosteppich, Nadelzweig an der Buchenhecke, Eichenrinde am Birkenstamm, Eierbecher im Blumenbeet, Papierserviettenblüte im blühenden Strauch usw.).
Die SpielerInnen haben die Aufgabe, all den »Quatsch in Bäumen« oder auch anderswo zu entdecken, sich zu merken und am Ende aufzuführen. Am Schluß sammeln alle gemeinsam die Gegenstände wieder ein und nehmen sie mit nach Hause zum Wiederverwerten oder zur ordnungsgemäßen Entsorgung.

Variante: Es kann auch im Wettbewerb gespielt werden. Mehrere Gruppen dürfen jeweils zehn falsche Gegenstände in einem von der Spielleitung abgegrenzten Gebiet verstecken. Jeweils im Gebiet einer anderen Gruppe müssen sie dann ihrerseits die dort herumliegenden zehn Gegenstände finden. Wer schafft es zuerst?

Hinweis: Vor Beginn sollte die Spielleitung schon zahlreiche unterschiedlichste Dinge bereithalten, die üblicherweise nicht zur natürlichen, bzw. gewohnten Umgebung des Spielortes gehören.

Ohren spitzen

Hast du das gehört?

Alle verteilen sich auf einer größeren Fläche und schließen die
Augen. Etwa 5 Minuten lang spitzen die SpielerInnen die Ohren
und versuchen, Geräusche und Klänge wahrzunehmen. Dabei ist
darauf zu achten, wer diese erzeugt und ob es sich um natürliche
oder unnatürliche Geräusche handelt. Bei gemeinsamem Austausch können folgende Fragen beantwortet werden: Welche
Geräusche waren natürlich, welche unnatürlich erzeugt? Was
hörte sich angenehm, was unangenehm an? Welcher Klang sollte
länger dauern? Was ist das Lieblingsgeräusch gewesen?
Gab es »harte« und »weiche« Klänge? Wer kann ein gehörtes,
natürliches oder auch unnatürliches Geräusch nachahmen?

Anzahl:
Ab 3 SpielerInnen

Material: –

Ort:
Wald, aber auch überall

Hinweis: Unterschiedliche Geräusche nach ihrer Herkunft zu
erkennen und einzuordnen erfordert konzentriertes Zuhören.
Die MitspielerInnen sollten sich Mühe geben, andere nicht durch
selbstverursachte Geräusche zu stören. Geschlossene Augen
sorgen dafür, daß sich alle leichter mit dem Wesentlichen dieses
Spieles beschäftigen.

Wenn ich's hör', erzähl' ich's dir

Anzahl:
Ab 3 SpielerInnen

Material:
Etwa ein Dutzend kleine Döschen
oder Säckchen; kleine Gegenstände
und Dinge, mit welchen Geräusche
erzeugt werden können.

Ort:
Überall

In kleine Döschen oder Säckchen werden Gegenstände und
Dinge gefüllt, mit welchen Geräusche oder Klänge erzeugt werden können; zum Beispiel Sand, Steinchen, Rindenstückchen,
trockene Blätter, aber auch Verschlußkappen von Getränke-
flaschen, abgebrannte Streichhölzer, Münzen, Zellophan, alte
Brotstückchen. Eine/r erfindet eine kurze Geschichte und unter-
malt diese Geschichte mit den vorhandenen Geräusche-Döschen.
Diese werden nach Gebrauch immer wieder an der gleichen
Stelle abgestellt, so daß sich die ZuhörerInnen merken können,
wo sie stehen.

Beispiel:
*»Einmal ging ich einen steinigen Weg entlang (Steinchen schüt-
teln). Nach einiger Zeit machte ich eine kurze Pause und lehnte
mich an die rauhe Rinde eines Baumes (Rindenstückchen schütteln
oder reiben). Da ich Durst hatte, stellt ich mir vor, ich hätte eine
Getränkeflasche bei mir (Verschlußdeckel schütteln). Aber dem
war leider nicht so. So zählte ich mein letztes Geld (Münzen klap-
pern) und fand dabei einige abgebrannte Streichhölzer in meiner
Tasche (Streichhölzer schütteln). Daraus bastelte ich zwei kleine
Männchen, die sehr lustig aussahen und die ich vorsichtig
einpackte, um sie irgendjemand irgendwann einmal zu schenken
(Zellophan knistern) …«.*

Die anderen SpielerInnen lauschen der Geschichte und den
Geräuschen. Dabei müssen sie sich auch gut merken, wo die
jeweiligen Geräusche-Döschen bzw. -Säckchen abgestellt werden.
Ist die Geschichte zu Ende, erzählt eine/r einen kleinen Teil der
Geschichte nach und macht auch hierzu die passenden Geräusche. Dann – nach etwa drei- oder viermal Döschen-Schütteln-
kommt ein/e andere/r dran und erzählt weiter. Auch wenn
jemand einen Fehler beim Erzählen oder beim Erzeugen von
Geräuschen macht, wechselt die bzw. der ErzählerIn.

Hinweis: Es sollten nicht zu viele Geräusche verwendet werden.
Besser ist es, einige der Döschen mehrmals in die Geschichte
einzubauen, um somit das Merken der Geräusche-Standorte zu
erleichtern.

Bodenklänge

Eine/r schließt die Augen und legt sich flach auf den Boden, entweder rücklings oder auf den Bauch und lauscht konzentriert. Die anderen verursachen nun in nächster Nähe Geräusche und Klänge. Dabei sollen alle Töne, Klänge und Geräusche in Zusammenhang mit dem Boden entstehen, also auf den Boden klopfen, durch das Gras streichen, einen Zweig zerbrechen, trockene Blätter langsam herunterfallen lassen, etwas Wasser ausschütten. Nach einiger Zeit ist jemand anders an der Reihe.

Variante: Wer will, kann auch ein Ratespiel daraus machen. Wer am Boden liegt, muß jeweils raten, womit die Geräusche, Klänge und Töne erzeugt wurden.

Anzahl:
Ab 3 SpielerInnen

Material: –

Ort:
Wald, aber auch überall

Was ich höre, mach' ich nach

Alle setzen oder legen sich hin und sind ganz still. Es wird eine Reihenfolge vereinbart, in der später die SpielerInnen nacheinander aktiv werden. Zunächst lauschen alle auf die Geräusche, Klänge, Töne und Stimmen, die zu hören sind. Dann beginnt die erste Person, einen gerade wahrgenommenen Ton oder Klang möglichst exakt wiederzugeben. Das kann das Hämmern des Spechtes sein, das Brummen einer Hummel oder auch das Klacken von Schuhsohlen auf hartem Untergrund. Danach kommt ein/e weitere/r SpielerIn an die Reihe.

Hinweis: Die MitspielerInnen sollten sich gut konzentrieren und sich bei der Wiedergabe der Geräusche an die vereinbarte Reihenfolge halten. Eine kleine Pause sollte jeweils die Geräusche voneinander trennen.

Anzahl:
Ab 3 SpielerInnen

Material: –

Ort:
Wald, aber auch überall

Horch, was war das?

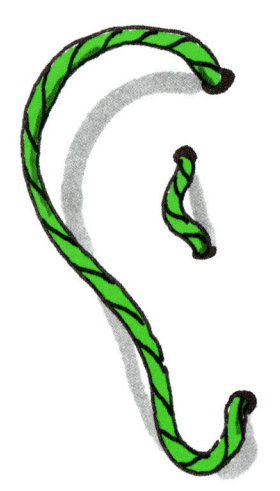

Es werden zwei (ggf. auch mehrere) Kleingruppen gebildet. Jede Gruppe entwickelt geheim für sich fünf verschiedene Geräusche, Töne oder Klänge, die durch oder mit Naturmaterialien (eventuell auch mit allem, was herumliegt) erzeugt werden. Nach etwa fünf Minuten treffen sich die Gruppen. Eine Gruppe (oder auch mehrere Gruppen gleichzeitig) schließt die Augen und bekommt der Reihe nach die fünf Geräusche, Klänge bzw. Töne der Startgruppe zu hören. Danach dürfen die Augen geöffnet werden. Nun muß das Erlauschte nacherzeugt, also von der bzw. den ratenden Gruppe/n die fünf Geräusche herausgefunden und vorgemacht werden. Danach ist eine andere Gruppe an der Reihe.

Varianten: Mit etwas Vorbereitungsaufwand können auch Haushalts- oder Alltagsgeräusche vorher erzeugt und auf Tonband aufgenommen werden. Die Gruppen spielen sich die Geräusche gegenseitig vor und versuchen sie zu erraten.

Beispiele:
➤ *Kolbenfüller auf- und zuschrauben*
➤ *Schreibmaschine schreiben*
➤ *Waschmaschine einstellen oder laufen lassen*
➤ *Kaffeemaschine laufen lassen*
➤ *Bügeln*
➤ *Handtuch auswringen.*

Hinweis: Es ist darauf zu achten, daß keine zu komplizierten, kaum nachzuahmende Töne und Geräusche erzeugt werden. Auch ist darauf zu achten, daß die Regeln genau eingehalten werden und niemand zwischendurch die Augen öffnet.

Klang-Fabrik

Anzahl:
Ab 3 SpielerInnen

Material: –

Ort:
Wald, aber auch überall

In einem begrenzten Spielgebiet verteilen sich alle und versuchen mit umherliegenden Materialien, so viele verschiedene Klänge und Geräusche zu erzeugen, wie es ihnen möglich ist. Das können zarte und kräftige, laute und leise Töne sein. Nach etwa zehn Minuten treffen sich alle und jede/r bekommt die Gelegenheit, die entdeckten Klänge, Töne und Geräusche den anderen vorzustellen.

Wer hören kann, kommt nah heran

Alle stellen sich mit geschlossenen Augen in lockerer Ansammlung auf. Eine/r entfernt sich lautlos von der Gruppe und läßt einen etwa 500 g schweren Stein, einen dicken Holzpflock oder ein kräftiges Rindenstück zu Boden fallen. Die MitspielerInnen nähern sich lautlos dem Gegenstand und bleiben stehen, wenn sie meinen, etwa einen halben Meter von ihm entfernt zu sein. Stehen alle, dürfen die Augen geöffnet werden. Wer die geringste Entfernung zum Stein, Holzpflock oder Rindenstück hat, darf als Nächster den Brocken fallen lassen.

Hinweis: Keinen zu schweren Gegenstand wählen und darauf achten, daß er nicht geworfen, sondern senkrecht aus Hüfthöhe fallengelassen wird. Andernfalls könnte er unkontrolliert springen und jemanden verletzen.

Anzahl:
Ab 3 SpielerInnen

Material:
Schwerer Stein, Holzpflock, Rindenstück

Ort:
Wald, aber auch überall

Fundstücke-Konzert

Ein Spielgebiet wird vereinbart. Dann verteilen sich alle Spieler und Spielerinnen und suchen Naturinstrumente. Das können Stämme und Äste, Steine und Zweige, Blätter und Rindenteile oder auch Büchsen und Tüten, Papier und Schüsseln oder Kronkorken sein. Jede/r erforscht das gefundene »Instrument« und erprobt, welche Töne, Klänge und Geräusche es hergibt. Die Spielleitung gibt ein Signal, und der Reihe nach spielt jede/r eine kleine Sequenz auf dem gefundenen »Instrument«. Dabei achtet jede/r darauf, daß jeweils nur ein Instrument zu hören ist, nimmt sich also gegebenenfalls auch mal zurück und wartet, bis jemand anders zu Ende gespielt hat. Danach kommen alle zusammen und versuchen, ein gemeinsames Stück zu komponieren.

Variante: Alle SpielerInnen bekommen den gleichen Instrumente-Bau-Auftrag. Sind alle fertig, kann das Konzert losgehen.

Beispiele:
➤ *Steinharfe aus mehreren, verschieden großen Steinen, die nebeneinander auf dem Boden oder auch auf Holzstöcken lagern und mit kleinen Steinen angeschlagen bzw. beworfen werden.*
➤ *Holzophon aus mehreren, verschieden starken Stämmen und Ästen, die quer über zwei am Boden liegende Längstangen aufgelegt und mit Stöcken oder Steinen bespielt werden.*
➤ *Stangenspiel aus vielen, dünnen Ästen, die hochkant an einem Ende mit einer geflochtenen Grasschnur zusammengebunden werden und geschüttelt oder mit einem Stock angeschlagen und gerührt werden.*

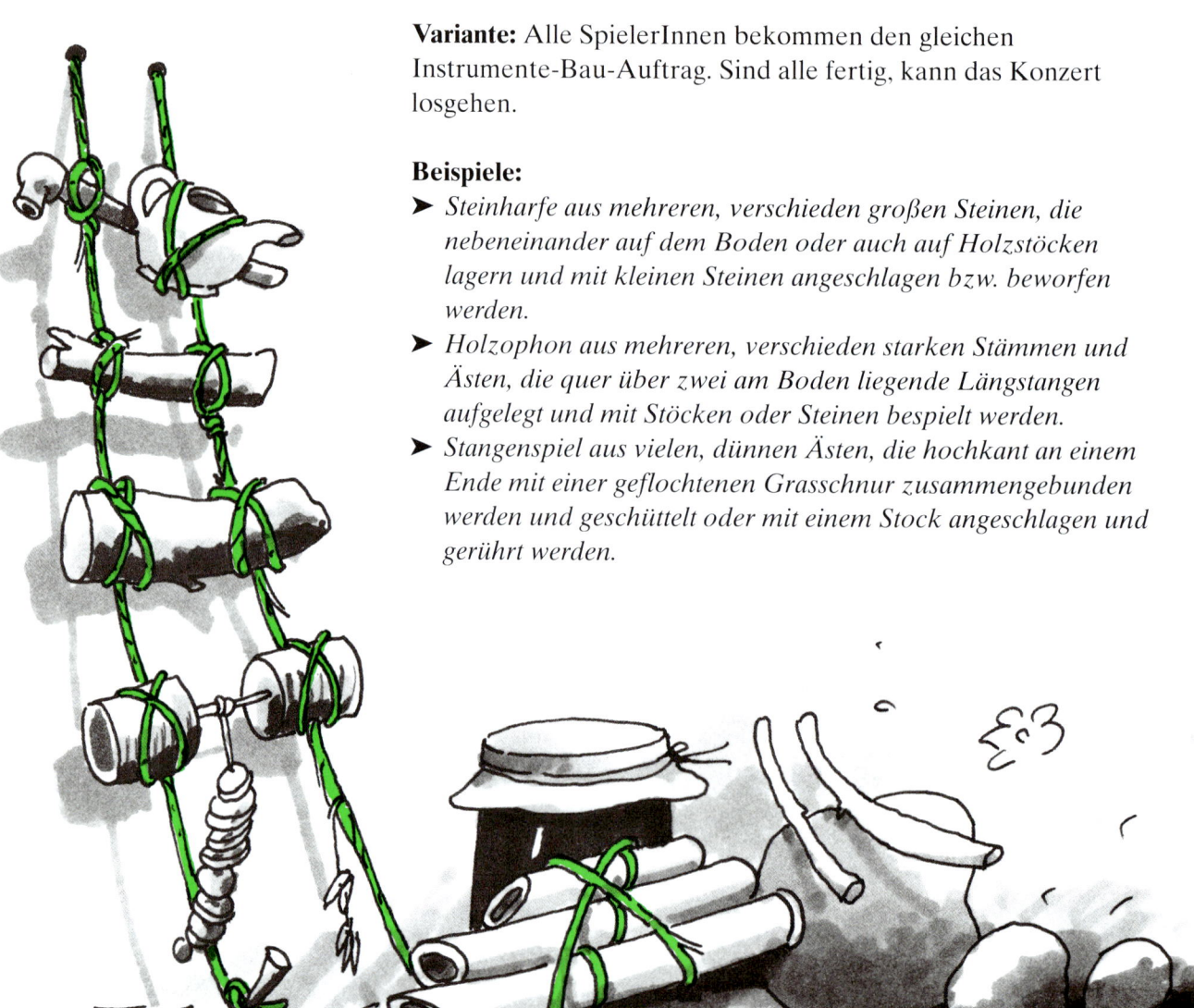

Körpermusik

Alle versuchen für sich zunächst möglichst viele Geräusche, Töne und Klänge mit ihrem Körper und den Körperteilen zu erzeugen. Nach einer sicherlich wilden und lautstarken »Erprobungsphase« versuchen alle, die Geräusche miteinander zu einer harmonisierenden Komposition zu verknüpfen. Dabei ist es hilfreich, wenn eine/r als KoordinatorIn agiert und Einsätze gibt, wann welcher Ton oder Klang kommen soll. Wird gut »dirigiert«, entsteht eine interessante Körpermusik.

Hinweis: Diese Übung verleitet leicht dazu, verulkt zu werden. Wenn allerdings die MitspielerInnen konzentriert mitmachen, entstehen wahrhaft eindrucksvolle Ergebnisse.

Anzahl:
Ab 3 SpielerInnen

Material: –

Ort:
Wald, aber auch überall

Mund auf

Schmeck mal

Anzahl:
Ab 3 SpielerInnen

Material:
Verschiedene eßbare Dinge (Obst, Gemüse, Molkereiprodukte, Backwaren)

Ort:
Überall

Die MitspielerInnen schließen die Augen. Eine/r wird SpielleiterIn und gibt der Reihe nach den anderen kleine Kostproben von eßbaren Dingen wie Apfelstückchen, Gurkenscheibchen, Käsewürfel, Kirschen, Brotrinde. Die Reihenfolge sollte jedesmal etwas unterschiedlich sein. Die Spielleitung merkt oder notiert sich die Reihenfolge der Häppchen für die einzelnen. Jede/r kostet für sich im Stillen und merkt sich die Reihenfolge. Haben alle eine Reihe von Lebensmitteln gekostet, berichtet jede/r über die Geschmackserfahrung. Eventuell kann die Reihenfolge der Kostproben abgefragt werden.

Hinweis: Die Vielfalt der Geschmacksrichtungen bewußt zu erfahren ist Ziel dieses Spieles. Dabei kann selbstverständlich auch seltener verwendete Lebensmittel verwendet werden, wie beispielsweise Sellerie, Spinat, Avocado oder Kiwi. Auf gar keinen Fall sollten unangenehm schmeckende Dinge verwendet werden.

Das schmeckt

Anzahl:
Ab 3 SpielerInnen

Material:
Trinkbare Flüssigkeiten (Ananassaft, Kakao, Wasser, Tee, Karottensaft, Orangensaft, Limonade, Sirup, bei älteren MitspielerInnen eventuell auch Wein, Bier oder Likör); Dessertschüsselchen, Tassen oder ähnliche Gefäße.

Ort:
Überall

Eine/r trifft unbeobachtet die Vorbereitungen zu diesem Spiel. In möglichst mehrere gleichförmige Gefäße mit größeren Öffnungen (Dessert-Schüsselchen) werden verschiedene Flüssigkeiten eingefüllt. Die MitspielerInnen schließen die Augen schummeln auch nicht – und sollen sich der Reihe nach durch kurzes Kosten von verschiedensten Flüssigkeiten überraschen lassen. Die Geschmacksüberraschung ist die Hauptsache bei diesem Spiel.

Variante: Es kann mit mehreren gleichartigen Flüssigkeiten auch ein kleines Ratespiel entstehen. Verschiedene Limonaden oder verschiedene ähnliche Säfte eignen sich gut.

Hinweis: Möglichst keine unangenehm schmeckende Flüssigkeiten verwenden, da sonst die Motivation für die SpielerInnen verlorengeht, jemals wieder »Schmeckspiele« mitzumachen. Nach dem Kosten von Speiseöl muß es unbedingt etwas wohlschmeckendes geben, z. B. Limonade.

Geschmacksverwirrung

Etwa fünf Becher werden mit einer Flüssigkeit gefüllt, beispielsweise mit Kirschsaft. Alle erfahren, daß in den fünf Bechern Kirschsaft enthalten ist. Eine/r schließt die Augen, während ein/e andere/r in einen der Becher etwas von einem anderen Getränk hineinschüttet, beispielsweise etwas Milch, etwas Orangensaft oder etwas Wasser. Die Becher werden gemischt, und wer an der Reihe ist, soll herausfinden, in welchen Becher etwas hineingemischt wurde und vor allem was. Wer richtig tippt, darf den nächsten Mischvorgang vornehmen. Raten soll eine andere Spielerin oder ein anderer Spieler.

Es sollten nur solche Getränke miteinander gemischt werden, die sich auch »vertragen«, damit hinterher nichts weggeschüttet werden muß. Vielleicht entstehen bei diesem Spiel sogar sehr wohlschmeckende Mix-Rezepte.

Anzahl:
Ab 3 SpielerInnen

Material:
verschiedene trinkbare Flüssigkeiten, von denen sich jeweils zwei oder drei auch mischen lassen (Kirschsaft, Orangensaft, Schwarzer Johannisbeersaft, Milch, kakaohaltiges Pulver zum Kaltanrühren); mehrere Tassen oder Becher.

Ort:
Überall

Früchte im ewigen Eis

Eßbare Fruchtstückchen werden auf die Fächer einer Eiswürfel-Schale verteilt, mit ganz wenig Wasser übergossen und dann eingefroren. Für das Spiel werden die Eisfrüchte bereitgestellt. Alle schließen die Augen und bekommen je eins der kalten Früchtchen in den Mund. Wer zuerst benennt, um welche Frucht es sich im Eiswürfel handelt, darf die Verteilung der Eiswürfelchen in der nächsten Runde vornehmen.

Anzahl:
Ab 3 SpielerInnen

Material:
Verschiedene Fruchtstückchen (Pflaumen, Kirschen, Apfelstückchen), Kühlschrank mit Eiswürfelschale

Ort:
Überall

Guter Geschmack

Anzahl:
Ab 4 SpielerInnen

Material:
Verschiedene eß- und trinkbare
Köstlichkeiten, wie beispielsweise
Apfelschnitzel, Pfirsichstückchen,
Bananenscheiben, Kirschsaft, Haselnüsse, Walnüsse, Sonnenblumen-
kerne, Kakao, Honig und anderes
mehr sowie passende Gefäße wie
Tassen und Tellerchen. Dazu braucht
jede Spielgruppe einen Stift und
etwas Notizpapier.

Ort:
Überall

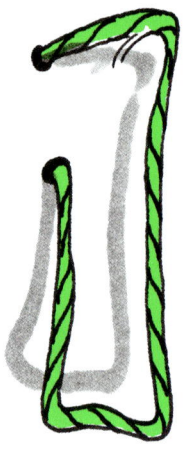

Es werden zwei Gruppen gebildet. Jede Gruppe bekommt mehrere verschiedene Getränke und Eßwaren in kleine Gefäße und
auf Tellerchen. Alle trink- und eßbaren Dinge sind allerdings
abgedeckt, so daß nicht zu sehen ist, in welchem Gefäß sich was
befindet. Gemeinsam überlegen sich die SpielerInnen jeder
Gruppe eine bestimmte Reihenfolge für ihre Getränke bzw. die
Eßwaren aus, also so eine Art »Geschmacksstrecke«, die alle
anderen herausfinden sollen. Haben alle Grüppchen ihre Reihenfolge vereinbart und sie notiert, beginnt eine/r der Gruppe einer
anderen die »Strecke« zu umschreiben. Ziel für die ratende
Gruppe ist es, gemeinsam die »Geschmacksstrecke« herauszufinden. Da jede/r nur einen Teil der Geschmäcker kennenlernt,
müssen sich die RaterInnen abstimmen und miteinander das
Ergebnis erarbeiten.

Beispiele:

➤ *Start unserer Geschmacksreihenfolge ist etwas sehr, sehr Süßes.
Wenn es eine Weile im Mund ist, wird es schnell saftig und läßt
ich leicht zerdrücken.*

➤ *Eine/r der Rategruppe kostet aus einem der Gefäße. Niemand
darf sehen, was gekostet wurde. Die »Umschreibungsgruppe«
fährt mit ihren Ausführungen fort.*

➤ *Bei der nächsten Station gibt es etwas, daß ein wenig herb
schmeckt. Läßt man es allerdings eine Weile im Mund, kann es
durchaus süßlich werden. Es läßt sich leicht herunterschlucken.*

➤ *Ein/e weitere/r der Rategruppe probiert eine andere der Kostproben. Wieder wird weiter umschrieben, solange, bis die
gesamte »Geschmacksstrecke« vorgestellt und alle Geschmäcke
von mindestens einem Rategruppen-Mitglied gekostet wurde.*

➤ *Nun ist die Kooperation, das Geschmacks- und Merkvermögen
der Rategruppe gefordert. Sie sollen gemeinsam die richtige
Reihenfolge der Geschmäcke miteinander beraten und als
Gruppenergebnis benennen. Dazu gehört also die Feststellung,
daß an erster Stelle eben etwas sehr Süßes gehört und die
Benennung des entsprechenden Gefäßes samt Inhalt.*

Fühl mal

Fühle, was ich sehe

An einem schönen Plätzchen legt sich eine/r gemütlich auf den Bauch. Ein/e andere/r läßt die Blicke schweifen und entdeckt irgendetwas Schönes, Interessantes, Komisches oder Schlimmes. Mit dem Finger malt diese/r es auf den Rücken der liegenden Person, die versucht, zu erraten, um was es sich handelt. Ältere SpielerInnen können auch Buchstaben »schreiben«.
Mehr Spaß macht das Spiel freilich mit mehreren. Da liegen alle nebeneinander und der erste bekommt das Wort oder das Symbol auf den Rücken gemalt. Dann steht diese/r auf und malt es der zweiten Person auf den Rücken, natürlich ohne es vorher zu verraten. Danach erfährt es die bzw. der dritte über seine empfindsame Rückseite usw. Das »Schlußlicht« sagt dann, worum es ging. Das gibt oft eine Überraschung, wenn etwas ganz anderes herauskommt, als das, was zuerst »geschrieben« wurde.

Hinweis: Damit das Spiel auch klappt, müssen die SpielerInnen darauf achten, daß sie deutlich und langsam mit ihrem Finger auf die Rücken malen und keine zu schwierigen Gegenstände auswählen.

Anzahl:
Ab 2 SpielerInnen

Material: –

Ort:
Überall

Über Stock und Steinchen

Anzahl:
Ab 3 SpielerInnen

Material: –

Ort:
Wald oder Wegesrand mit vielfältiger, verschiedenartiger Bodenbeschaffenheit.

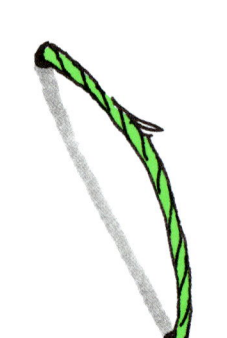

An einer Stelle mit möglichst vielfältiger Bodenbeschaffenheit (Moos, Wurzeln, Erde, Äste, Feuchtigkeit, Wasser, Gras, Feinkies) zieht eine/r Schuhe und Strümpfe aus, schließt die Augen und wird vorsichtig von einer anderen Person in einer willkürlichen Reihenfolge über die verschiedenartigen Stellen geführt. Dabei fühlt sie bzw. er intensiv den Untergrund mit den Zehen, dem Fußballen und der Ferse.

Nach einer Weile geht es zum Ausgangspunkt zurück und die geführte Person soll den gleichen Weg noch einmal sehend entlangspazieren. Stimmt die Strecke mit der ursprünglichen überein? Waren alle SpielerInnen an der Reihe, könnten sich alle noch über ihre Empfindungen während des Spieles unterhalten. Was war besonders angenehm, was war unangenehm und weshalb? Welcher Untergrund hat was für Erinnerungen ausgelöst?

Hinweis: Menschen mit geschlossenen Augen führen ist eine sehr sensible Aufgabe und sollte mit größter Sorgfalt geschehen. Dabei muß einerseits natürlich auf den Weg geachtet werden, mögliche Stolperstellen umgangen oder mit entsprechender Erklärung darüber hinweg geführt werden, andererseits dürfen auch herunterhängende Zweige oder hervorstehende Äste in Bauch-, Brust- oder Kopfnähe nicht übersehen werden. Die Laufgeschwindigkeit muß ebenfalls dem Unsicherheitsfaktor der nicht sehenden Menschen angeglichen werden. Schließlich ist wichtig, daß die SpielerInnen wissen, daß sie natürlich jederzeit auch die Augen öffnen dürfen, sofern sie unsicher werden oder sich über die Streckenführung vergewissern wollen. Allerdings nimmt das einiges vom Reiz dieser sensiblen Übung.

Gut gefühlt ist halb gekostet

Eine/r trifft unbeobachtet die Vorbereitungen zu diesem Spiel. In möglichst mehrere gleichförmige Gefäße mit größeren Öffnungen (Dessertschüsselchen) werden verschiedene Flüssigkeiten eingefüllt. Die MitspielerInnen schließen die Augen, schummeln auch nicht – und sollen der Reihe nach nur durch Fühlen der Flüssigkeiten herausfinden, um was es sich handelt. Eine/r beginnt, bekommt von der Spielleitung ein Gefäß hingeschoben und stippt mit einem oder auch zwei Fingern hinein. Dann rät diese/r MitspielerIn, um was es sich bei der Flüssigkeit handelt. Weiter geht's mit einer anderen Flüssigkeit. Nach einer dritten Fühlprobe ist ein/e andere/r dran.

Anzahl:
Ab 3 SpielerInnen

Material:
Trinkbare Flüssigkeiten (Ananassaft, Kakao, Wasser, Tee, Karottensaft, Orangensaft, Limonade, Sirup, bei älteren MitspielerInnen eventuell auch alkoholische Getränke); Dessertschüsselchen, Tassen oder ähnliche Gefäße

Ort:
Überall

Wunder der Natur

Es werden Paare gebildet. Eine/r von beiden schließt die Augen und wird jetzt sehr vorsichtig von der zweiten Person eine kleine Strecke lang zu einer besonders auffälligen, interessanten, außergewöhnlichen, zarten, schönen, einmaligen, kuscheligen, wohl duftenden oder in irgendeiner sonstigen Weise für die führende Person interessanten Stelle geführt. Die Hände der »blinden« Person werden auf das Objekt gelegt. Konzentriert und intensiv soll nun das Objekt ertastet und auf diese Weise kennengelernt werden. Nach einer Weile dürfen die Augen geöffnet werden und sich das »Wunder der Natur« ansehen. Dann wird gewechselt.

Anzahl:
Ab 4 SpielerInnen

Material: –

Ort:
Wald, Wiese, Feldrand, Park, Garten

Kisten-Moos und Schüssel-Wiese

Anzahl:
Ab 3 SpielerInnen

Material:
Flach abgeschnittene Pappkartons, verschiedenartiger Untergrund (Bodenbeschaffenheit), Naturmaterialien, eventuell flache Schüsseln und Handtücher.

Ort:
Überall, auch im Raum oder auf Asphalt

Ein oder zwei SpielerInnen bereiten eine etwa zehn bis zwanzig Meter lange Laufstrecke aus flach abgeschnittenen Pappkartons und Schüsseln vor. Die Kartons bzw. die Schüsseln sind mit unterschiedlichem Naturmaterial wie Rindenstücke, Holzwolle, Erde, Moos, glatte Kieselsteine, Split, Gras, Heu, Stroh, Schlamm, Wasser usw. gefüllt. Die anderen MitspielerInnen sollten diese Strecke nach Möglichkeit vorher nicht sehen oder kennen. Der Reihe nach werden die SpielerInnen mit geschlossenen Augen barfuß über die Strecke geleitet. Wenn alle die Strecke durchlaufen haben, findet sicher ein Austausch über die Gefühle während der Aktion statt.

Hinweis: Die SpielerInnen sollten vor Beginn darauf hingewiesen werden, daß sie sich selbst um die Erfahrung und den Genuß bringen, wenn sie die Strecke schon kennen. Die Augen sollten also wirklich geschlossen bleiben, da dann das Empfinden intensiver ist. Alle SpielerInnen sollten sich vorher auch entscheiden können, ob sie barfuß laufen wollen oder nicht. Wer nicht will, soll auch nicht, ohne daß daraus ein Problem gemacht wird. Wird dieses Spiel in der Stadt oder in einem Raum gespielt, sollten nach der letzten Station eine Waschschüssel und einige Handtücher bereitliegen, damit sich die SpielerInnen die Füße wieder trocknen und reinigen können. In der freien Natur erübrigt sich das meiner Ansicht nach allerdings.

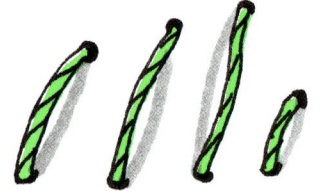

Tastlandschaft

Anzahl:
Ab 4 SpielerInnen

Material:
Gesammelte Naturgegenstände (Blüten, Blätter, Äste, Moos, Samenkapseln, Felsstücke, Kiese, Sand, Gras, Rinde, Erde, Steinchen, Tierhaare usw.).

Ort:
Überall

Alle MitspielerInnen sammeln unterwegs verschiedenste Naturgegenstände für eine »Tastlandschaft«. Feiner Kies und Sand, Moos, Samenkapseln, Gras, Rinde, Felsstücke, Erde, Farn und anderes mehr. In einem flachen Schachteldeckel ordnet jede/r für sich die mitgebrachten Gegenstände zu einer kleinen Landschaft an. Dann werden Paare gebildet und jeweils einer von beiden schließt die Augen. Dann tastet sich diese Person ausschließlich mit den Fingerspitzen durch die vorgegebene »Tastlandschaft« und beschreibt dabei möglichst phantasievoll, was die Fingerkuppen erleben. Danach wird gewechselt.

Kalter Stein und warme Wiese

Die MitspielerInnen sollen entdecken, wo die Natur Wärme speichert und gut leitet und wo sich die Kälte hartnäckig hält. Dazu verteilen sich alle in einem vereinbarten Gebiet und erfühlen die unterschiedlichsten Temperaturen der vorhandenen Gegenstände, Pflanzen und des Bodens. Vergleiche sollen angestellt werden, wo sich in etwa gleiche Temperaturen ergeben und wo krasse Unterschiede deutlich werden. Am Schluß unterhalten sich alle über die gemachten Erfahrungen.

Variante: Verschiedenste Materialien werden auf einer Spielfläche ausgelegt. Nachdem alles eine oder zwei Stunden dort gelegen hat, erfühlen die SpielerInnen die Temperatur der Gegenstände und vergleichen diese mit natürlichen Oberflächen-Temperaturen. Gibt es gleiche Temperaturen bei natürlichen und unnatürlichen Gegenständen? Welche der Gegenstände sind direkt aus der Natur (Fellstückchen z. B. oder Holzbretter) und worin liegt der Unterschied des Gefühls zu künstlich erzeugten bzw. in der Natur nicht vorkommenden Gegenständen (Kunststoff, Glas, Metalle)?

Anzahl:
Ab 3 SpielerInnen

Material:
Eventuell für die Variante verschiedene Gegenstände aus Plastik, Leder, Glas, Metall, Holz, Ton usw.

Ort:
Überall

Gut gefühlt ist halb erraten

Jede/r sammelt für sich etwa 15 verschiedene Naturgegenstände, also Rindenstückchen, Grashalme, kleine Ästchen, Blätter und Blüten, Steinchen, hält diese aber vor den anderen SpielerInnen verdeckt. Es bilden sich Paare. Je Paar schließt eine/r die Augen und bekommt von der zweiten Person einen Gegenstand gereicht.

Anzahl:
Ab Material: SpielerInnen

Material:
Gesammelte Naturgegenstände (Blüten, Blätter, Äste, Steinchen, Tierhaare usw.)

Ort:
Überall

Durch Ertasten soll die »blinde« Person herausfinden und benennen, um was es sich handelt. Nach jedem Gegenstand werden die Rollen getauscht.

Extrem oder bequem

Anzahl:
ab 3 SpielerInnen

Material: –

Ort:
Überall

Es werden Paare gebildet. Eine/r der beiden schließt die Augen. Die bzw. der andere nimmt nun eine bestimmte Sitz-, Liege- oder Stehhaltung ein, die vom bzw. von der »blinden« MitspielerIn ertastet und in gleicher Weise eingenommen werden soll. Ist das geschehen, gibt das die nicht sehende Person bekannt. Die Spielleitung überprüft, wie exakt die Abbildung gelungen ist. Dann wechseln die Rollen.

Hinweis: Das Abtasten muß besonders im Gesicht, Brust- und Schambereich sehr sensibel geschehen, um keine Verunsicherungen oder Hemmungen entstehen zu lassen.

Welcher war's?

Anzahl:
Ab 4 SpielerInnen

Material:
Verschiedenste Steine; für die Variante auch Holz- und Rindenstücke oder Blätter

Ort:
Überall

Alle schließen die Augen und jede/r bekommt von der Spielleitung einen Stein in die Hand. Diesen tastet jede/r intensiv ab, riecht vielleicht auch daran, spürt die Besonderheiten heraus. Dann werden alle Steine wieder eingesammelt. Zusammen mit einigen zusätzlichen Steinen, die niemand ertastet hatte, werden alle Steine miteinander vermischt und in der Mitte wieder ausgeschüttet. Jede/r soll nun den eigenen Stein mit geschlossenen Augen wiederfinden.

Variante: Die SpielerInnen sitzen im Kreis. Etwa fünfzehn verschiedene Steine und Felsenstücke werden in die Mitte gelegt. Ein/e MitspielerIn schließt die Augen und muß versuchen, durch Ertasten den Stein herauszufinden, der von einem/r anderen SpielerIn sehr genau beschrieben wird.

Variante: Es können auch gleichartige, aber verschiedene Holzstöckchen, Rindenstücke oder auch Blätter verwendet werden. Bei den Blättern ist allerdings darauf zu achten, daß sie bei starker Ähnlichkeit zumindest von der Größe her sehr unterschiedlich sein müssen.

Schätz mal

Sag wieviel

Eine/r wird SpielleiterIn und bereitet mehrere Säckchen mit Inhalt vor, z. B. Federn, Rinde, Steinchen usw. Die MitspielerInnen sollen jedes Säckchen einmal hochheben und dann abschätzen, wie schwer es wohl ist. Die Angaben werden für jede/n SpielerIn notiert. Am Ende werden alle Säckchen vor den Mitspielern/Innen auf einer möglichst genauen Brief- oder Backwaage abgewogen. Wer dem tatsächlichen Gewicht am nächsten getippt hat, ist SchätzmeisterIn.

Variante: Nach dem gleichen Prinzip kann abgeschätzt werden, um welche Menge es sich bei den Gegenständen handelt, also wieviel Stücke vorhanden sind. Hier sollten nachzählbare Dinge verwendet werden, wie Kieselsteine, Kastanien, Federn, Blätter, Nadeln an einem Zweiglein und ähnliches.

Variante: Nach dem gleichen Prinzip kann abgeschätzt werden, wieviel der Umfang verschiedenster Dinge beträgt. Das kann ein dünner, mittlerer und ein dicker Stock sein, der Umfang eines dünnen, mittleren und dicken Baumes, der Umfang einer runden Frucht (Melone, Nuß, Apfel), eines Tierschädels oder eines großen Blattes.

Variante: Hier geht es darum, abzuschätzen, wie hoch etwas ist. Selbstverständlich ist auch bei dieser Variante die Nachprüfbarkeit oder Glaubwürdigkeit wichtig. Wie hoch ist der Strauch, Baumstumpf, Quer-Ast, Laternenpfahl, die Plakatwand, der Fenstersims oder der Jägerstand?

Variante: Auch Entfernungen können geschätzt werden. So geht es um die Entfernung vom Ausgangspunkt zu dem Höhleneingang, dem Erdbeerstrauch, dem Fliegenpilz, dem Holzstoß, der Schranke, dem Verkehrsschild, dem Kanaldeckel oder zum anderen Bachufer.

Hinweis: Das Maß, nach dem geschätzt wird, können Gramm, Kilogramm, Zentimeter, Meter oder auch Schritte sein. Aber auch andere »Maßeinheiten« sind möglich und machen das Spiel noch etwas witziger. Also, wieviel Schneckenhäuser entfernt liegt

Anzahl:
Ab 4 SpielerInnen

Material:
Mehrere Säckchen, gefüllt mit Federn, Rindenstückchen, kleinen Steinchen, großen Kieseln, Erde, Sand, Samenkapseln, Eicheln, Kastanien, Holzwolle, Holzmehl usw., Stift und Notizpapier.

Ort:
Überall

der tote Käfer? Wieviel Haselnüsse sind nötig, um das Säckchen gleich schwer werden zu lassen, wie das Säckchen mit den Federn? Wieviel Sandalen müssen aufeinder gestapelt werden, um den ersten Quer-Ast zu erreichen? Wieviel Purzelbäume muß die kleinste Mitspielerin machen, um zum Wiesenrand zu gelangen?

Wieviel werden es?

Anzahl:
Ab 4 SpielerInnen

Material:
Stift und Notizpapier

Ort:
Überall

Mit den SpielernInnen wird eine bestimmte Wanderstrecke vereinbart. Dann wandern alle los. Die Spielleitung fragt jede/n, wie viele der unten angegebenen Dinge und Situationen auf der folgenden Wanderstrecke vorkommen werden. Die Vermutungen der MitspielerInnen werden mit dem dazugehörigen Namen aufgeschrieben. Sobald ein erfragtes Ding oder eine entsprechende Situation vorkommt, wird das notiert. Am Schluß ist es interessant zu erfahren, wer richtig getippt hat.

Beispiele: *Leute, die grün gekleidet sind; Menschen die einen Rucksack tragen; lebendige Tiere, die größer als ein Huhn sind; fliegende Tiere, Nadelbaumarten; Laubbaumarten; sumpfige Stellen; Wegabzweigungen; Holzstöße; Schmetterlinge, die bunt sind; Regenwürmer; Nacktschnecken; Ameisenhaufen; blühende Pflanzenarten.*

Eine Minute ist 'ne Ewigkeit

Die SpielerInnen sollen gemeinsam abschätzen, wie lange vier Minuten sind (bei mehr als vier SpielerInnen wird je Mitspieler eine Minute dazugenommen. Sind es noch mehr Leute, werden Gruppen gebildet, die parallel spielen oder nur eine halbe Minute abschätzen). Die SpielerInnen stellen sich in eine Reihe. Eine/r bekommt einen Kieselstein in die Hand. Ab einem Startzeichen soll diese/r SpielerIn genau eine Minute abschätzen und dann den Stein sofort an die Spielerin oder den Spieler rechts weitergeben. Auch diese/r schätzt wieder genau eine Minute und gibt dann den Stein weiter. Die tatsächliche Zeit, die verstrichen ist, wenn die letzte Person der Reihe den Stein fallen läßt, wird notiert.

Hinweis: Die Spielleitung stoppt die Zeit nach ihrer Uhr. Nur diese Zeit gilt. Dieses Spiel kann auch so gespielt werden, daß jede/r für sich alleine schätzt und das entsprechende Ergebnis notiert wird. Mit mehreren Gruppen entsteht ein interessanter Wettbewerb.

Anzahl:
Ab 4 SpielerInnen

Material:
Uhr mit Sekundenzeiger, Kieselstein, Stift und Notizpapier

Ort:
Überall

Wie lange noch?

Ein/e MitspielerIn nennt eine Begebenheit oder Situation und sagt voraus, in wieviel Sekunden oder Minuten sie eintreten wird. Situation, Name und Zeitangabe werden notiert. Dann warten alle ab, ob die Vorhersage eintritt und wann. Danach darf jemand anders eine Vorhersage treffen.

Beispiele: *1. In den nächsten dreißig Sekunden hören wir einen Waldvogel schreien oder pfeifen. 2. Es wird noch über vier Minuten dauern, bis wieder eine Weggabelung kommt.*

Variante: Die SpielerInnen sollen die Geschwindigkeit einschätzen, die bestimmte Gegenstände für das Zurücklegen einer bestimmten Strecke benötigen. Einige Beispiele: Wie lange braucht ein Ahornblatt vom Brückengeländer bis zur Wasseroberfläche? Wie lange dauert es, bis ein Baumstamm bis zum Drahtzaun gerollt ist? Wieviel Zeit vergeht, bis ein/e MitspielerIn eine Feder vom Ausgangspunkt in das fünf Meter entfernte Ziel pustet?

Anzahl:
Ab 4 SpielerInnen

Material:
Uhr mit Sekundenzeiger, Stift und Notizpapier

Ort:
Überall

Wann kracht's?

Anzahl:
Ab 4 SpielerInnen

Material:
Uhr mit Sekundenzeiger, Kieselstein,
Stift und Notizpapier

Ort:
Überall

Ein großes Blatt wird zwischen zwei Steinhäufchen so einge-
klemmt, daß es beide wie eine Brücke miteinander verbindet.
Eine/r legt einen Stein auf das Blatt. Jede/r SpielerIn gibt nun
einen Tip ab, wie viele Steinchen noch aufgelegt werden können,
bis das Blatt reißt, herausrutscht oder einfach nach unten kracht.
Wer tippt richtig?

Variante: Das gleiche Spiel ist auch mit anderen »Brücken« möglich, also beispielsweise mit mehreren, mit Gras zusammengebun-
denen Stöckchen oder einem von zwei SpielerInnen gehaltenen
Riesenblatt.

Variante: Ein/e SpielerIn türmt Steine aufeinander. Der Reihe
nach sagen die anderen MitspielerInnen, ob ein weiterer Stein
aufgesetzt werden darf oder nicht. Wer keinen mehr auflegen
möchte, gibt damit an, daß beim nächsten Stein der Turm einfällt.
Stimmt das? Es kann auch so gespielt werden, daß der Reihe
nach jede/r einen weiteren Stein auflegt. Wer keinen mehr auf-
türmt, prophezeit damit den Zusammensturz beim nächsten Kiesel.

Variante: Spannender wird dieses Spiel, wenn die Steine auf
einen dicken Pflock gestapelt werden müssen.

Transportpalette

Alle bauen gemeinsam eine Transportpalette (Gitter) aus Stöcken und Ästen, Grashalmen und Rindenstreifen zusammen. Zwei oder vier SpielerInnen halten die Transportpalette hoch. Dann stellt ein/e erste/r SpielerIn ein Gewicht auf die Palette. Alle schätzen ab, wieviel noch aufgeladen werden kann, bis die Transportpalette bricht oder die TrägerInnen nicht mehr können. Solange niemand halt sagt, werden ständig neue Gegenstände und Gewichte wie Steine, Holzstämmchen und Wurzelstücke aufgeladen.

Hinweis: Sobald eine/r der TrägerInnen das Gefühl hat, daß es zu schwer wird, muß das sofort gesagt werden. Die Transportpalette wird sofort vorsichtig abgesetzt.

Anzahl:
Ab 4 SpielerInnen

Material:
Schmal geschnittene Rindenstreifen, lange Grashalme, Äste und Stöcke

Ort:
Überall

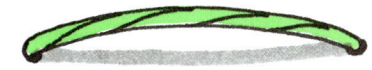

Zischgrenze

Ein Spiel zum Raumempfinden. Alle MitspielerInnen bilden einen Kreis. Eine/r kommt in die Mitte und schließt die Augen. Der Kreis wird an einer Stelle etwas geöffnet und eine Lücke gelassen. Aufgabe ist es jetzt für die Spielerin bzw. den Spieler in der Mitte, durch eine Lücke zwischen den MitspielerInnen hindurchzuschlüpfen. Die bilden jedoch durch Zischen eine Grenze, wobei nahe der Öffnung eher lauter, weit entfernt der Öffnung sehr leise gezischt wird. Die Person in der Mitte darf nicht der Reihe nach von Person zu Person am Kreis entlang wandern, sondern muß immer wieder einmal die Richtung ändern und sich auch vom Zischen der anderen leiten lassen. Ist die Lücke gefunden, kommt gleich jemand anders an die Reihe. Witzig: die Gruppe verkleinert ganz langsam den Kreis und stellt sich immer enger zusammen.

Anzahl:
Ab 6 SpielerInnen

Material: –

Ort:
Überall

Zur Mitte finden

Anzahl:
Ab 6 SpielerInnen

Material: –

Ort:
Überall

Eine/r schließt die Augen. Einige der anderen oder auch alle bilden einen Kreis und breiten die Arme aus. Sie können sich berühren oder auch weiter auseinanderstehen. Die Person mit den geschlossenen Augen wird von der Spielleitung an den Kreis herangeführt. Nun läuft sie so lange außen um den Kreis herum, bis sie wieder am Ausgangspunkt angelangt ist. Nun wird der Kreis an dieser Stelle geöffnet und die Spielerin bzw. der Spieler mit den geschlossenen Augen soll versuchen, möglichst exakt zum Mittelpunkt des Kreises zu gehen und dort stehenzubleiben.

Dann dürfen die Augen geöffnet werden. Das gibt manchmal lustige Überraschungen, aber auch verblüffend genaue Ergebnisse. Jetzt kann ein/e andere/r versuchen, die Mitte zu finden.

Hinweis: Das Spiel verliert sofort seinen Reiz, wenn ein/e aktive/r SpielerIn die Augen nicht geschlossen hält. Das sollte zu Beginn deutlich gemacht werden. Andererseits ist es auch wichtig zu erwähnen, daß die Spielleitung immer neben der nichtsehenden Person herläuft, um gegebenenfalls zu führen und einfach für die Sicherheit dieser Spielerin, bzw. dieses Spielers zu sorgen.
Variante: Die Grundform ändert sich in ein Dreieck.

Wann fällt er?

Anzahl:
Ab 4 SpielerInnen

Material:
Armdicker Pflock, Stöcke, Steine, Rindenstücke

Ort:
Überall

Ein armdicker Stock wird kräftig in den Boden gesteckt. In fünf Meter Entfernung stellen sich die MitspielerInnen auf. Jetzt wirft jede/r einen Gegenstand (Stein, Holzklotz, Rindenstück) gegen den Stock und versucht, ihn umzuwerfen. Alle schätzen ab, bei welchem Gegenstand er umfallen wird. Wer tippt richtig?

Hinweis: Es darf nur geworfen werden, wenn alle hinter der Wurflinie stehen, sich also niemand in der Nähe des Zieles aufhält.

Mit allen Sinnen bei sich

Spür, wie die Natur dich streichelt

Jede/r sammelt verschiedene Naturgegenstände (Grashalm, Blätter, Ästchen, Moos, Federn, Eierschale, Tierhaare) und behält alles für sich verdeckt. Es bilden sich Paare. Eine/r der beiden legt sich gemütlich auf den Rücken und schließt die Augen. Die zweite Person streicht nun mit einem beliebigen der gesammelten Gegenstände vorsichtig über die Wangen, eventuell über die bloßen Oberarme der liegenden Person. Die genießt erst einmal und kann dann versuchen, zu erraten, um was es sich bei dem Streichelobjekt handelt. Klar, daß auch mal die Rollen getauscht werden.

Anzahl:
Ab 2 SpielerInnen

Material: –

Ort:
Überall

Raumverstellung

Alle stellen sich im Kreis auf, fassen sich an der Hand und schließen die Augen. Die Spielleitung nennt einen Grundriß, den die Gruppe ohne Absprache und mit geschlossenen Augen herstellen soll. Danach gehen sie wieder in den Kreis zurück und warten auf eine neue Vorgabe.

Beispiele: Quadrat, Dreieck, Stern, Rechteck, Ei, Acht, Halbrund

Anzahl:
Ab 10 SpielerInnen

Material: –

Ort:
Wald, Waldrand, Wiese, aber auch überall

Auf ein Wort

Anzahl:
ab 4 SpielerInnen

Material: –

Ort:
Überall

Die MitspielerInnen bewegen sich eine Zeitlang in einem vorher vereinbarten, begrenzten Gebiet. Jede/r befaßt sich intensiv mit der vorhandenen Umgebung. Einzelheiten wie zertretenes Moos, ein den Asphalt durchbrechendes Blümchen, in Waschbeton gepreßte Kiesel, abgesägte Jungbäume, Tierschutzzäune, knorrige Bäume, ineinander verschlungene Wurzeln, abgeschabte oder abgefressene Rinde, frisch gemähtes Heu, gespurter Schnee, vielbegangene Wege und anderes mehr sollen wahrgenommen werden. Für sich wählt jede/r SpielerIn eine bestimmte Wahrnehmung aus und macht sich intensiv darüber Gedanken, wie sich der Naturgegenstand, das Tier, die Pflanze oder die vorgefundene Situation fühlen könnte, sofern das möglich wäre. Was würde es, sie, er sagen?

Nach etwa einer halben Stunde kommen alle MitspielerInnen zusammen. Der Reihe nach sprechen die SpielerInnen nun aus der Sicht ihres ausgewählten Gegenstandes, Tieres oder einer bestimmten Situation.

Beispiel: *Tag für Tag muß ich es ertragen: die vielen, vielen Menschen. Alle treten mit Füßen nach mir, obwohl ich ihnen nichts getan habe. Ich kann hier aber nicht weg, bin festgeklebt für immer. Das Rauschen des Flusses kann ich nie mehr hören. Mit lärmenden Baggern wurde ich dort herausgeholt. Kein Fisch gleitet mehr an mir vorbei und kein Moos setzt sich sanft auf meiner Oberfläche ab. Auch die kleinen Schnecken, die sich hin und wieder bei Niedrigwasser auf meinem Gipfel sonnten, werde ich nie wieder sehen. Das einzige, das ich noch mitbekomme, sind Kunststoffsohlen mit stinkenden Klebern bearbeitet, achtlos auf mir zertretene, zähe, geschmacklose Kaugummis, manchmal spuckt man sogar nach mir. Und die Kolleginnen und Kollegen neben mir, die anderen Kiesel, die rühren sich auch nicht mehr. Manchmal glaube ich, die sind einfach tot.*

Hinweis: »Auf ein Wort« ist ein sehr sensibles Spiel, sofern die MitspielerInnen sich darauf einlassen und sich die Mühe machen, ernsthaft über die Umstände ihrer Umgebung einmal nachzusinnen. Ein Gespräch, wie eine beschriebene Situation zu ändern wäre oder was in der Zukunft zu tun ist, könnte sich anschließen. Vielleicht entsteht eine Bachpatenschaft, wollen die SpielerInnen einen Insekten-Unterschlupf bauen, einen Krötenschutzzaun verlegen oder eine Baumpflanzaktion durchführen.

Geschichten aus der Natur

Anzahl:
Ab 5 SpielerInnen

Material:
Verschiedenste Fundstücke aus der Natur wie Stöckchen, Rinde, Blätter, Moos, Steine, Stroh, Heu, Knochen, Schneckenhäuschen, Tierhaare und andere interessante Dinge.

Ort:
Wald, Waldrand, Feldrand, Wiese, Park

Gemeinsam spazieren alle durch die Natur. Jede/r achtet dabei intensiv und konzentriert auf auffällige, interessante und ansprechende Natur-Gegenstände am Wegesrand. Zwei dieser Naturdinge, die besonders ansprechend und faszinierend waren, soll jede/r SpielerIn mitnehmen. Zurück von der kleinen Wanderung, setzen sich alle in einen Kreis und legen ihre Fundstücke vor sich hin. Der Reihe nach berichtet jede/r SpielerIn, weshalb sie bzw. er die beiden Gegenstände mitgenommen hat und was er ausdrückt.

Haben das alle gemacht, soll nun eine gemeinsame Geschichte entwickelt werden. Wer eine Idee hat, nimmt eines der Fundstücke, legt es in die Mitte und erzählt einen oder zwei Sätze dazu. Jemand anders wählt ein weiteres Stück aus, legt es ebenfalls in die Mitte und führt die begonnene Geschichte fort. Wer den letzten Natur-Gegenstand nimmt, schließt die Geschichte mit einem guten Gedanken ab. Jede/r bekommt nun die eigenen Fundstücke wieder zurück.

Hinweis: Es ist selbstverständlich, daß keine geschützten Pflanzen oder Tiere mitgenommen werden und auch nichts gewaltsam der Natur entrissen werden darf. Manche SpielerInnen hängen sehr an ihren Fundstücken. Sie sollten gefragt werden, ob ihr Fundstück in der Geschichte verwendet werden darf. Die MitspielerInnen sollen in jedem Fall vorsichtig mit den Fundstücken anderer umgehen, um sie nicht zu zerstören.

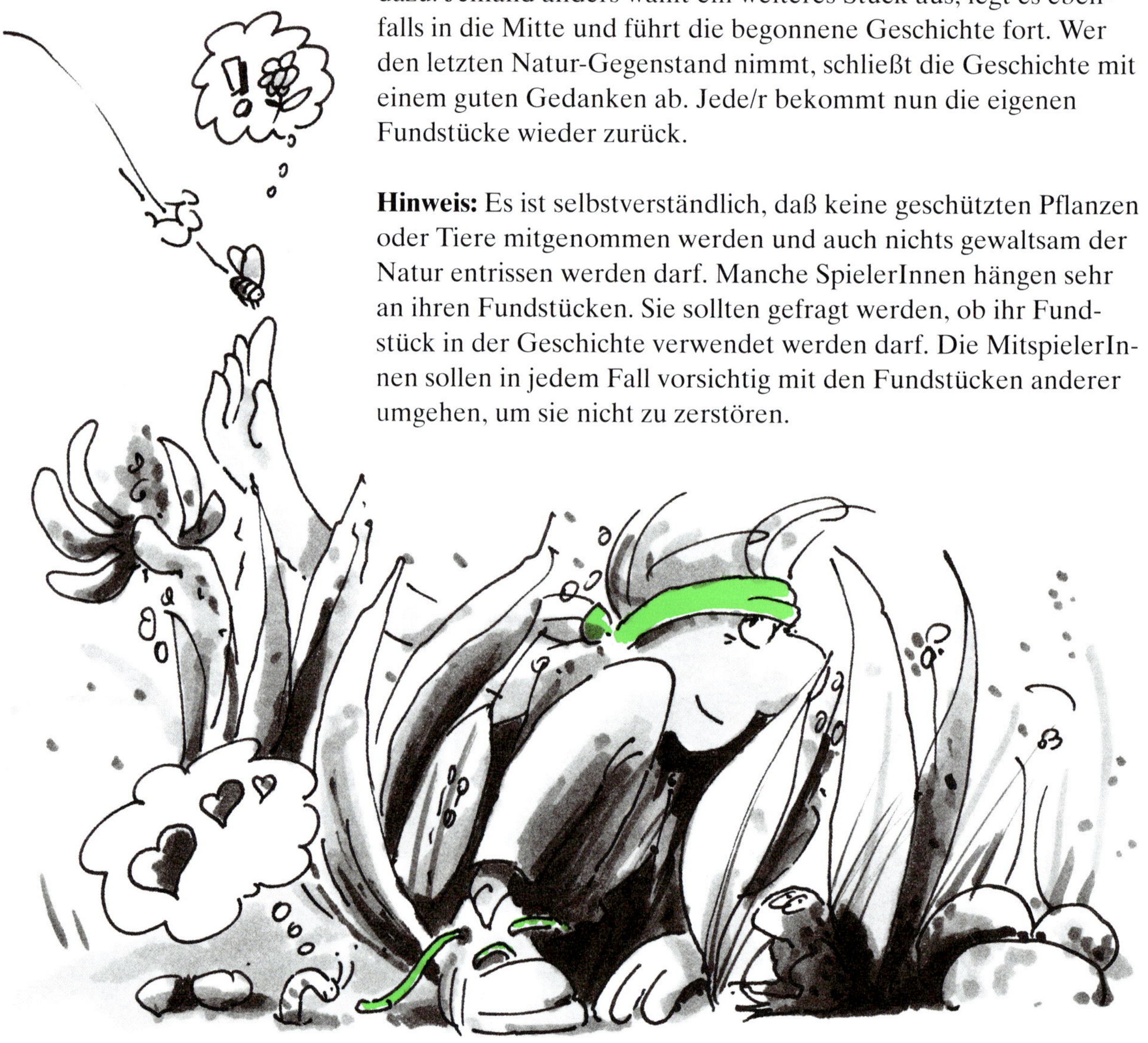

Wasserbewegung

Am Ufer eines Baches oder kleinen Flusses lauschen alle dem Geräusch des fließenden Wassers. Dabei ist es hilfreich, wenn die SpielerInnen die Augen schließen und sich auf den Klang konzentrieren. Sie atmen ruhig und gleichmäßig und spüren den Rhythmus, den der Wasserfluß hat. Das ist sehr beruhigend. Wer will, kann sich auch längs zum Bach oder Fluß legen, so daß das Wasser in Richtung der eigenen Füße fließt.

Nach einer Weile versuchen alle, eine Bewegung zu entwickeln, die den Fluß und den Klang des Wassers aufnimmt und eine Einheit damit bildet. Das können bedächtige, langsame und weit ausladende Bewegungen sein, wenn es sich um einen glatt fließenden und stillen Fluß handelt, oder es sind knappe und wirbelnde Bewegungen, wenn sich das Wasser vielleicht um Felsen und Steinsperren windet. Möglich sind auch kurze und abgehackte Bewegungen, die das Glucksen und Sprudeln nachempfinden, wenn die Strömung sich in kleinen Höhlen und Vertiefungen am Ufer oder modrigen Baumstämmen bricht.

Hinweis: Wenn sich herausstellt, daß sich viele, anstrengende Bewegungen ergeben, sollte nach dem Spiel die Gelegenheit zum Ausruhen gegeben werden.

Anzahl:
Ab 4 SpielerInnen

Material: –

Ort:
Ufer eines Baches oder Flusses

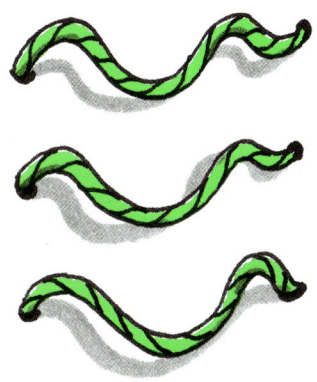

Das hab' ich noch nie gedacht

Ein großes Spielgebiet wird vereinbart. Die SpielerInnen sollen zunächst durch das Gelände streifen und sich nach einer Weile an einem schönen Ort niederlassen, zu dem sie sich hingezogen fühlen. Dort passen sie sich möglichst gut der Umgebung an, strecken sich also an einem dünnen Baum entlang nach oben, kauern sich an einen kleinen Felsen, hocken sich in dichtes Schilf, legen sich in eine blühende Wiese, schmiegen sich in eine Erdkuhle.

Wenn jede/r eine Position gefunden hat, verweilen alle einige Zeit in dieser Lage und versuchen, ihre Gedanken zu fassen. Was kommt ihnen in den Sinn? Dann versuchen alle, sich als das zu fühlen, was sie sich als Ort ausgesucht haben, also als Kuhle, Bäumchen, Schilf. Was kommt ihnen jetzt in den Sinn? Am Ende können sich alle über die Empfindungen austauschen.

Anzahl:
Ab 4 SpielerInnen

Material: –

Ort:
Wald, Waldrand, Feldrand, Fluß-, See- oder Bachufer, Felsen

Natur-Impuls

Anzahl:
Ab 2 SpielerInnen

Material: –

Ort:
Wald oder Waldrand

In einem schönen Mischwald verteilen sich die MitspielerInnen. Dabei lassen sich alle von einem Impuls leiten, der sie zu einer bestimmten Stelle führt. Zuerst bleiben alle auf einer Stelle stehen, atmen tief und gleichmäßig. Dann blickt jede/r umher und versucht, sich durch irgendetwas anlocken zu lassen. Das kann ein sich wiegender Ast sein oder ein Insekt, das um eine Blüte schwirrt. Ein interessant geformter Fels kann ebenso der Impuls sein wie ein Sonnenstrahl, der sich durch das dichte Geäst eines Baumes bis zum Boden vorgearbeitet hat. Jede/r folgt dem stärksten der empfangenen Impulse und geht zu der betreffenden Stelle.

Dort angekommen, konzentriert sich jede/r auf das, was den Impuls ausgelöst hat, und denkt nach, weshalb der Impuls so stark war und was das mit dem eigenen »Ich« zu tun hat. Nach einer Weile kann jede/r SpielerIn versuchen, einen neuen Impuls zu entdecken, aufzunehmen und den Standort verändern. Am Schluß sollten sich alle über ihre Empfindungen austauschen und darüber sprechen, von was sie sich leiten ließen und wo die Verbindung der Situation zu sich selbst ist.

Hinweis: Bei diesem Spiel müssen sich die SpielerInnen konzentriert und diszipliniert verhalten. Vielleicht gibt es Probleme mit dem Begriff »Impuls«. Eventuell hilft es, wenn statt dessen gesagt wird, daß die SpielerInnen dorthin laufen sollen, wo ihr Interesse durch irgendetwas am meisten geweckt wurde.

Umwelt-TräumerIn

Anzahl:
Ab 3 SpielerInnen

Material: –

Ort:
Wald, Waldrand, Feldrand, Fluß-, See- oder Bachufer, Felsen, aber auch überall

Alle TräumerInnen setzen oder legen sich an eine bequeme Stelle. Niemand darf sprechen. Jede/r läßt eine Weile die Stille auf sich wirken. In dieser Zeit überlegen sich die SpielerInnen ihren Umwelt-Traum, machen sich also Gedanken, wie ihre Umwelt, die Natur und ihr direkter Lebensraum sein sollten. Nach etwa zwanzig Minuten beginnt jemand und berichtet den anderen, wie ihr bzw. sein »Umwelt-Traum« aussieht. Danach kommt jemand anders an die Reihe usw. Waren alle dran, tauschen sich die MitspielerInnen über Traum und Wirklichkeit aus.

Jolly Jogger und Lilly Linde bewegen sich und entdecken ihren Körper

»Ach, ist das eine gute Luft hier. Da könnt' ich tanzen vor Freude«, ruft Lilly ihrem Freund Jolly zu. »Tu's doch. Platz ist hier genug und Bewegung ist gar nicht schlecht«. »Gut, aber du machst auch mit. Außerdem gibt es auch noch ganz andere Bewegungsspiele, die Spaß machen«. Jolly ist das nur recht. Es tut gut, den eigenen Körper wieder mal richtig zu spüren und ihm Gutes zu tun. Richtig zu atmen, die Gliedmaßen bis in die kleinsten Fasern wahrzunehmen und sie zur Geltung kommen zu lassen ist hin und wieder notwendig. Außerdem tobt sich Jolly gerne mal richtig aus, denn immer ist das ja leider nicht möglich. Ganz langsam fangen die beiden also an, ihrem Bewegungsdrang freien Lauf zu lassen.

Guten Morgen, liebe Tiere

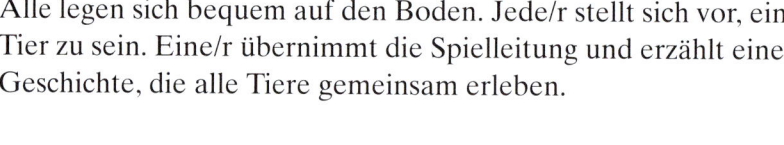

Anzahl:
Ab 3 SpielerInnen

Material: –

Ort:
Überall

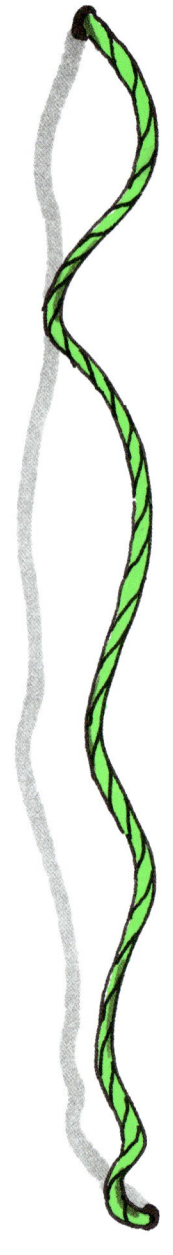

Alle legen sich bequem auf den Boden. Jede/r stellt sich vor, ein Tier zu sein. Eine/r übernimmt die Spielleitung und erzählt eine Geschichte, die alle Tiere gemeinsam erleben.

Beispiel:
Eine lange und geruhsame Nacht. Ihr schlaft alle tief und fest. Euer Atem ist gleichmäßig und ruhig. Ihr träumt eure schönsten Träume. Da beginnt es langsam zu dämmern. Noch ist alles still. Da bahnt sich der erste Sonnenstrahl einen Weg durch das Geäst und kitzelt fast ein wenig. Ihr seid aber noch soo müde. Manche von euch rümpfen die Nase, andere wackeln mit den Ohren, und wieder andere drehen sich ein bißchen weg. Keine/r will jetzt schon wach werden. Der zweite Sonnenstrahl verschafft sich einen Weg durch die Zweige und landet warm auf euren Gesichtern. Ihr seid eine verschlafene Gesellschaft. Ihr bewegt euch schon ein bißchen hin und her und versucht den beiden Sonnenstrahlen zu entkommen. Da trifft euch schon der dritte Strahl der aufgehenden Sonne. Ein leichter Windhauch trägt ihn zu euch hin. Ein wenig ärgert ihr euch über diese frechen Strahlen, aber schon bald wißt ihr: der Tag beginnt. Vorsichtig beginnt ihr zu blinzeln. Ganz langsam werden eure müden Augen wach und blicken neugierig umher.
Euer Körper fängt an, sich gemächlich zu bewegen. Langsam streckt ihr euch, und das angenehme Räkeln hilft euch, endlich wach zu werden. Wohlig brummt, singt und summt ihr eure ersten Töne in den neuen Tag. Ihr spürt eure Glieder und schickt euch an, aufzustehen und euch in eurer vollen Größe zu zeigen. Inzwischen ist euer Schlafplatz hell erleuchtet, und die glitzernden Tautropfen auf dem weichen Moos lassen euch die Nacht endgültig vergessen. Ihr seid zufrieden und froh, daß ihr endlich in den Tag hinausziehen könnt. Immer schneller und immer beweglicher breitet ihr euch auf der Fläche aus. Ihr bewegt euch, wie sich ein Tier eurer Gattung eben bewegt. Wenn ihr andere Tiere trefft, begrüßt ihr sie auf eure Weise, laßt euch aber in eurer geschäftigen Bewegung und üblichen Tätigkeit nicht mehr aufhalten. Ein neuer Tag – ein guter Tag.

Wenn alle herumlaufen und -toben, ist das Spielziel erreicht. Alle bewegen sich und sind bereit, sich auf andere und Neues einzulassen.

Hinweis: Die kurze Erzählung sollte in einer ruhigen, aber dennoch natürlichen Weise vorgetragen werden und zum Mitmachen animieren. Dabei ist es wichtig, die MitspielerInnen im Blick zu haben, ihnen Zeit zum Entwickeln ihrer Tierrolle zu geben und um ihre Bewegungen sich entfalten zu lassen. Ist jemand zu schnell, den Hinweis anbringen, daß sich die Tiere Zeit lassen und es niemand eilig hat. Manchmal kommt es aber vor, daß eine/r MitspielerIn die allgemeine Geschwindigkeit als zu langsam empfindet. Dann sollte er/sie sich so verhalten, daß andere sich nicht gestört oder gedrängt fühlen. Dieser Hinweis sollte zu Beginn des Spieles gesagt werden.

Schwing' dich

Die SpielerInnen suchen sich einen hohen, etwa zwei Armstärken dicken Baum, der unten wenig Äste hat. Mit dem Rücken zum Stamm lehnt sich jede/r an und blickt nach oben in den Wipfel. Ganz langsam beginnt nun jede/r, mit dem Stamm zu schwingen. Immer stärker und immer schneller, dann wieder ganz langsam und schwächer. Wenn starker Wind geht, können die Mitspieler/Innen versuchen, die natürliche Schwingung zu erspüren, den Rhythmus zu entdecken und mitzuschwingen.

Anzahl:
Ab 3 SpielerInnen

Material: –

Ort:
Wald mit dünneren, glattstämmigen Bäumen

Rollern

Anzahl:
Ab 3 SpielerInnen

Material:
Gleichmäßig runde, etwa ein Meter
lange, abgesägte Baumstammstücke

Ort:
Überall

Eine Strecke auf einer glatten, geraden Fläche wird abgesteckt,
etwa zwei Meter. Aufgabe ist für jede/n, auf einem glatten, runden Baumstammstück stehend die vorgegebene Strecke entlang
zu rollen. Am besten ist die- bzw. derjenige, welche/r am wenig-
sten den Boden berühren mußte. Ein schwieriges Unterfangen,
das einige Übung erfordert.

Hinweis: Zur Sicherung sollte immer jemand neben den balancie-
renden und rollenden Leuten herlaufen, damit Fußverstauchun-
gen oder schlimmere Verletzungen vermieden werden können,
denn die Gefahr, plötzlich nach hinten zu kippen oder abzurut-
schen, ist gegeben.

Gleicher Weg nochmal

Anzahl:
Ab 3 SpielerInnen

Material: –

Ort:
Überall

Auf dem Boden wird eine etwas geschwungene, kurvige Strecke
aufgemalt oder eingekratzt. Alle laufen sie mehrmals sehr exakt
ab. Dann kommt die Aufgabe: Jetzt soll jede/r mit geschlossenen
Augen die bekannte Strecke entlanglaufen.

Hinweis: Mit verschlossenen Augen werden viele Menschen
unsicher. Es ist wichtig, daß die Spielleitung immer neben den
gerade aktiven SpielerInnen herläuft und sie notfalls führt. Das
sollen alle SpielerInnen zu Beginn des Spieles mitgeteilt bekommen. Auch ist es durchaus gestattet, zwischendurch zur Sicherheit
die Augen zu öffnen. Klar ist freilich, daß damit ein Teil des
Spielreizes verlorengeht. Auch das sollen die Beteiligten gesagt
bekommen.

Bewegungsstop

Anzahl:
Ab 3 SpielerInnen

Material: –

Ort:
Überall

Auf einer begrenzten Fläche laufen alle hin und her, kreuz und
quer. Auf ein Klatschzeichen der Spielleitung stoppen alle sofort
ab und bleiben drei Sekunden in ihrem augenblicklichen Bewegungsablauf stehen. Dann geht's weiter.

Du Schöne/r

Die MitspielerInnen suchen geheim jemanden aus der Spielgruppe aus. Dann laufen alle auf einer begrenzten Spielfläche
kreuz und quer durcheinander. Nach einiger Zeit klatscht die
Spielleitung in die Hand, und alle stürzen sich urplötzlich und in
Hochgeschwindigkeit auf die vorher heimlich auserwählte Person
und rufen »Da bist du, du Schöne/r«. Wieder sucht sich jede/r
eine/n aus, und das Spiel beginnt von neuem.

Anzahl:
Ab 5 SpielerInnen

Material: –

Ort:
Überall

Handgemenge

Die SpielerInnen stellen sich bei diesem Körperkontaktspiel in
einen engen Kreis. Alle strecken ihre Arme zur Mitte hin. Jede/r
soll nun so viele Hände wie möglich berühren, greifen, tasten,
spüren, fühlen, streicheln. Dabei achtet jede/r auch auf die
Beschaffenheit der Hände. Sind sie rauh, weich, warm, kalt, rissig,
sanft, schmal, breit, feucht, knochig, angenehm, unangenehm,
behaart, kräftig, glatt, groß, klein?

Anzahl:
Ab 5 SpielerInnen

Material: –

Ort:
Überall

Kreuzungsfrei

Anzahl:
Ab 5 SpielerInnen

Material: –

Ort:
Überall

Eine Spielfläche wird in vier gleich große Felder eingeteilt. Alle MitspielerInnen laufen auf der gesamten Fläche in verschiedenen Geschwindigkeiten kreuz und quer, erst langsam und gemächlich, dann immer zügiger und schneller. Klar, daß sich die Leute nicht berühren sollen. Die Spielleitung klatscht in die Hand, und die Lauffläche halbiert sich. Im begrenzten Raum geht das Spiel weiter. Schließlich verkleinert sich die Fläche nochmals. Am Ende schütteln sich alle aus und atmen tief durch, um sich etwas zu erholen.

Nur die Ruhe

Anzahl:
Ab 3 SpielerInnen

Material: –

Ort:
Überall

Bei diesem Körperwahrnehmungsspiel werden Bewegungsabläufe deutlicher. Die MitspielerInnen bewegen sich über eine begrenzte Spielfläche. Sie können gehen, laufen oder auch rennen. Wenn die Spielleitung in die Hand klatscht, bewegen sich alle nur noch in »Zeitlupe«, also extrem langsam, und versuchen ihren eben noch natürlich ausgeführten Bewegungsablauf möglichst exakt nachzustellen. Dabei ist es wichtig, daß nicht »geschauspielert« wird, sondern der tatsächliche Ablauf der Gliedmaßen und des Körpers bei der vorher ausgeführten Tätigkeit nachgestellt wird.

Gegendruck

Anzahl:
Ab 2 SpielerInnen

Material: –

Ort:
Überall

Jeweils zwei SpielerInnen stellen sich gegenüber auf und strecken sich ihre Arme und Hände entgegen. Die Handflächen werden senkrecht aneinandergelegt. Nach dem Startzeichen (Pfiff) soll jede/r versuchen, die andere Person aus dem Gleichgewicht zu bringen. Mehrmalige Versuche können unternommen werden, Tricks oder Überraschungsbewegungen sind nach einiger Zeit erwünscht.

Körperspannung

Die eigene Körperenergie soll jede/r erspüren und erfahren. Dazu spannt jede/r nach Angabe durch die Spielleitung nach und nach alle Muskeln an und entspannt sie wieder. Dabei sollen die SpielerInnen nicht die Atmung stocken lassen, sondern gleichmäßig weiteratmen.

Beispiel: *Der Reihe nach werden angespannt: Zehen, Fuß, Wade, Oberschenkel, Pobacken, Hüfte, Bauch, Brust, unterer Rücken, oberer Rücken, Finger, Hände, Unterarme, Oberarme, Schulter, Hals, Kinn, Mund, Wangen, Augen, Augenbrauen, Kopfhaut, Kopf.*

Hinweis: Die vorgegebene Reihenfolge muß relativ schnell aufgezählt werden. Es muß auch nicht alles genannt werden. So kann das Spiel abgekürzt werden. Es ist entspannend und eine Hinführung zur verstärkten Wahrnehmung der Muskelpartien.

Anzahl:
Ab 2 SpielerInnen

Material: –

Ort:
Überall

Komm, gib mir deine Hand

Eine Spielfläche wird begrenzt. Alle MitspielerInnen stellen sich zu einem engen Kreis zusammen. Sie strecken ihre Hände in die Kreismitte und ertasten möglichst viele Hände der anderen. Wenn die Spielleitung »Komm, gib mir deine Hand« ruft, verändern alle noch einmal ihren derzeitigen Standort und schließen die Augen. Dann strecken sie wieder ihre Hände zur Mitte hin. Es darf nicht mehr gesprochen werden. Jede/r sucht die Hände einer anderen Mitspielerin oder eines anderen Mitspielers und ertastet nochmals intensiv und genau deren Beschaffenheit und Oberfläche, Größe und Temperatur.
Dann gehen alle – immer noch mit geschlossenen Augen auseinander, entfernen sich etwas von der Mitte, drehen sich um und verändern ihren Standort. Wenn alle SpielerInnen wieder etwas »durchgemischt« sind, öffnen alle die Augen und suchen ihre Partnerin bzw. ihren Partner von eben. Vielleicht schließt sich ein Austausch über die Empfindungen der beiden beim Ertasten der Hände an.

Anzahl:
Ab 6 SpielerInnen

Material: –

Ort:
Überall

Irischer Frühling

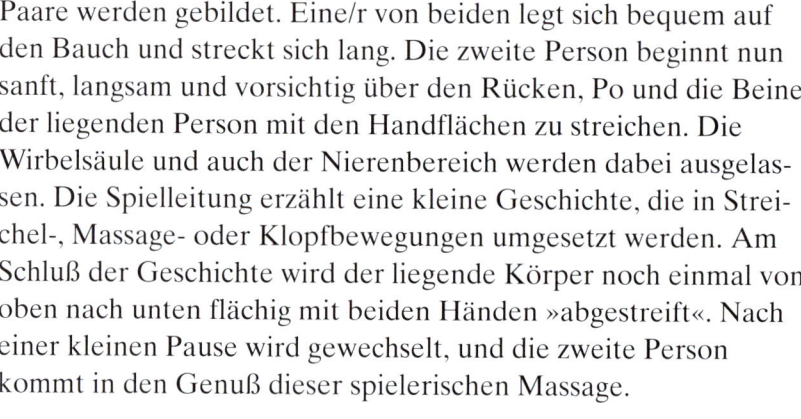

Anzahl:
Ab 2 SpielerInnen

Material: –

Ort:
Überall

Paare werden gebildet. Eine/r von beiden legt sich bequem auf den Bauch und streckt sich lang. Die zweite Person beginnt nun sanft, langsam und vorsichtig über den Rücken, Po und die Beine der liegenden Person mit den Handflächen zu streichen. Die Wirbelsäule und auch der Nierenbereich werden dabei ausgelassen. Die Spielleitung erzählt eine kleine Geschichte, die in Streichel-, Massage- oder Klopfbewegungen umgesetzt werden. Am Schluß der Geschichte wird der liegende Körper noch einmal von oben nach unten flächig mit beiden Händen »abgestreift«. Nach einer kleinen Pause wird gewechselt, und die zweite Person kommt in den Genuß dieser spielerischen Massage.

Beispiele:

➤ *Die warme Sonne scheint vom wolkenlosen Himmel auf die saftige Wiese oben auf dem kleinen Hügel. Überall gelangt sie mit ihren Strahlen hin und macht sich auf allen Flächen breit. Ein angenehmes, wohliges Gefühl erfüllt alle, die von ihr beschienen werden.*

➤ *Die Käfer und Kleintiere aus Wiese, Wald und Feld krabbeln kaum spürbar über den Boden. Durch die warme Sonne angelockt, werden es ganz viele, die kommen und gehen, aber keinen Schaden verursachen. Ein wenig kitzeln sie an manchen Stellen. Ab und zu verirrt sich auch eine Maus auf der Oberfläche, verschwindet aber schnell wieder. Langsam schiebt sich eine Wolke vor die Sonne und die wärmende Strahlung wird etwas schwächer. Weitere Wolken folgen, schon bald ist der Himmel bedeckt, und die angenehme Wärme läßt nach.*

➤ *Da beginnt es zu tröpfeln. Nur vereinzelt treffen die Tropfen auf dem Körper auf, mal hier einer, dann dort, wieder an anderer Stelle und auch noch am entgegengesetzten Ende. Langsam verstärkt sich das Tröpfeln. Es werden mehr und mehr Tropfen, die herunterfallen, und immer noch mehr. Es entsteht ein richtiger Regen. Immer dichter und fester trifft das Naß auf dem Boden auf. Schließlich öffnen sich die Schleusen des Himmels und kräftiger, starker Regen prasselt hernieder. Da sind auch schon erste Hagelkörnchen. Auch diese verdichten sich, werden mehr und bedecken den Boden. Ein richtiger Hagelguß entwickelt sich und kommt herunter wie ein Wasserfall. Auch wenn es nicht schmerzt, so ist doch die Kraft und die Wucht zu spüren.*

➤ *Aber auch jeder Guß hat ein Ende. Langsam verflüssigen sich die festen Klümpchen wieder in Regen. Auch der läßt nach einer Weile nach und wird weniger, bis es allmählich nur noch tröpfelt*

und schließlich die vereinzelten Tröpfchen ganz verschwinden. Nur noch der sanfte Wind ist zu spüren und in der Ferne das Meer zu hören, wie es mit seiner Gischt an die Klippen brandet. Ein irischer Frühlingstag.

Raum ausmessen

Alle laufen bei diesem Raumwahrnehmungsspiel die vorher ein-gegrenzte Spielfläche möglichst intensiv und weiträumig aus. Jede/r sollte jede Stelle der Fläche möglichst mehrmals »übergan-gen« haben. Wenn sich alle die Größe des Gebietes vorstellen können, werden Paare gebildet. Eine/r der beiden schließt die Augen, die andere Person sorgt für die Sicherheit. Nun sollen alle nicht sehenden MitspielerInnen wie vorher über die Spielfläche laufen, dabei nicht über die Begrenzung kommen und niemanden berühren. Die sehenden PartnerInnen greifen nur im »Notfall« ein, also wenn zwei SpielerInnen fest aneinander stoßen würden oder sich jemand verletzen könnte. Nach einiger Zeit wechseln die Rollen.

Hinweis: Die SpielerInnen brauchen die Gewißheit, daß sie beim Gehen mit geschlossenen Augen eine Sicherheit in ihren sehen-den PartnerInnen haben. Wer nicht »blind« gehen möchte, braucht das auch nicht zu tun.

Anzahl:
Ab 5 SpielerInnen

Material: –

Ort:
Überall

Wilder Natur-Gesang

Anzahl:
Ab 4 SpielerInnen

Material: –

Ort:
Überall

Jede/r überlegt sich ein Tier oder ein Geräusch aus der Natur. Es gibt Vögel und Bären, Füchse und Insekten, Gräser, Bäche und Hasen. Es ist früh am Morgen, die Tiergeräusche und -stimmen entstehen also erst ganz langsam. Auch die anderen Geräusche sind zunächst kaum wahrzunehmen. Allmählich schwillt die Stimmen- und Geräuschkulisse an, und ein wilder Naturgesang entwickelt sich. Nach einer Weile des stimmlichen Austobens passen sich die Tierstimmen und Naturgeräusche einander an und verschmelzen zu einem harmonischen Klangteppich.

Variante: Alles befindet sich im Urwald. Dort gibt es Paradiesvögel, Papageien, Schlangen, Insekten, Raubtiere, Flughunde und Affen, riesige Palmen, großblättrige Pflanzen und wilde Wasserfälle.

Klanggesang

Anzahl:
Ab 4 SpielerInnen

Material: –

Ort:
Überall

Alle SpielerInnen stellen sich in einen engen Kreis, Schulter an Schulter und schließen die Augen. Nun überlegt sich jede/r, welcher Ton für sie bzw. für ihn im Augenblick angebracht ist. Möglichst frei läßt jede/r diesen Ton aus sich herauskommen, hört aber gleichzeitig auch auf die anderen. Die SpielerInnen lassen sich auf andere ein, harmonisieren mit anderen Tönen, verändern oder variieren das Gehörte. Neue Töne entstehen oder klingen zusammen, verschmelzen mal harmonisch, mal disharmonisch miteinander. Der Klangteppich schwillt mal an und wird intensiver, mal schwächt er sich ab, wird leise und zart. Leise klingt alles aus. Jede/r läßt für sich noch einmal alles nachklingen und öffnet dann langsam wieder die Augen.

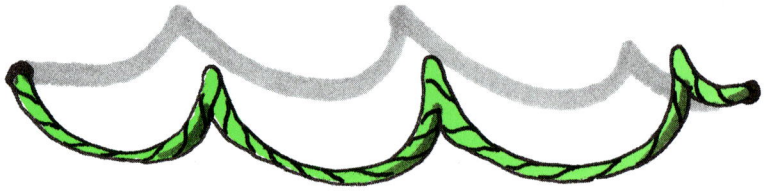

Seilerei

Mehrere Seile in unterschiedlichsten Stärken werden mit einigem Abstand zueinander und in verschiedenen Höhen festgeknotet, so daß ein Ende frei hängt oder liegt. Die SpielerInnen versuchen, die Seile in Schwingung zu bringen, Wellen und gleichförmige Bewegungen oder auch Töne zu erzeugen. Es ist auch möglich, sich »ins Seil« zu hängen, daran zu ziehen, Kräfte wirken zu lassen und zu erproben.

Anzahl:
Ab 3 SpielerInnen

Material:
Mehrere Seile und Schnüre in verschiedenen Stärken

Ort:
Überall, wo sich Seile befestigen lassen

Balance-Akt

Gemeinsam vereinbaren die MitspielerInnen eine Laufstrecke auf umherliegenden Baumstämmen, die möglichst abwechslungsreich ist und auch einige Wechsel zu anderen Stämmen eingebaut hat. Eine/r beginnt und balanciert die vorgegebene Strecke. Sobald diese/r den ersten Baumstamm verläßt, steigt ein/e weitere/r SpielerIn auf den Startstamm und balanciert los. Treffen sich SpielerInnen auf einem Stamm, versuchen sie, ohne den Stamm zu verlassen, aneinander vorbeizukommen.

Anzahl:
Ab 3 SpielerInnen

Material:
Mehrere liegende Baumstämme

Ort:
Überall, wo Baumstämme liegen

Variante: Zwischen zwei längs liegenden Stämmen wird ein dünner Stamm quer gelegt, so daß eine Verbindung (Brücke) entsteht. Alle sollen über diesen Stamm balancieren, in der Mitte anhalten und mehrmals kräftig auf- und abschwingen. Dann erst darf zur gegenüberliegenden Seite gelaufen werden.

Hinweis: Auf ungesicherten Holzstößen ist das Balancieren zu unterlassen, da unverhofft die schweren Stämme ins Rutschen oder Rollen kommen können und lebensgefährliche Verletzungen verursachen können. Auch sollte dieSpielleitung darauf achten, daß der querliegende Stamm nicht zur Seite wegrollen kann. Freiliegende Stämme eignen sich besser und sind sicherer.

Aktiv-Wanderung

Anzahl:
Ab 4 SpielerInnen

Material:
Vorbereitete Aufgaben, eventuell
Aufgabenzettelchen, eventuell
benötigte Utensilien wie beispiels-
weise ein Maßband, eine Uhr mit
Sekundenzeiger, Bestimmungsbuch.

Ort:
Überall

Vor Beginn dieser Spielform muß die Spielleitung einige Aufgaben vorbereiten. Die SpielerInnen wandern dann gemeinsam mit
der Spielleitung los, und sobald ein geeigneter Platz für eine
bestimmte Aufgabe auftaucht, wird angehalten. Die Spielleitung
gibt die Aufgabe bekannt oder verteilt die vorbereiteten Zettel-

chen. Am Ende könnte ein/e SiegerIn festgestellt werden, was allerdings nicht unbedingt notwendig ist. Der Spaß am gemeinsamen Tun sollte bei dieser Spielform überwiegen.

Beispiele:

➤ *Mit geschlossenen Augen sechs von der Spielleitung erzeugte
Geräusche erkennen und benennen.*

➤ *Auf einem Mäuerchen oder einem Baumstamm balancieren, am
Ende umdrehen und wieder zurückgehen, ohne mit den Füßen
den Boden zu berühren.*

➤ *Den Umfang eines Baumes aus drei Vorgaben richtig einschätzen.*

➤ *Abschätzen, wie lange ein anderes Gruppenmitglied benötigt,
um einen bestimmten Naturgegenstand zu entdecken, beispielsweise eine Feder oder ein Schneckenhaus.*

➤ *Aus Naturgegenständen innerhalb von drei Minuten einen möglichst hohen und stabilen Turm bauen. Dabei darf kein Bauteil
länger als 50 Zentimeter sein.*

➤ *Blätter von 15 verschiedenen Pflanzen sammeln und acht davon
benennen.*

Hinweis: Der Vorteil einer »Aktiv-Wanderung« liegt darin, daß
sie auch in einem unbekannten Gebiet durchführbar ist, da die
Spielleitung die Aufgaben so auswählt, daß sie nahezu überall mit
kleinen Abwandlungen erfüllt werden können. Sie entscheidet
spontan während des Spazierganges, an welcher Stelle welche
Aufgabe gestellt wird.

Jolly Jogger und Lilly Linde entdecken Feuer und Wasser, Erde und Luft

Jolly schaut in den Himmel und sagt: »Es ist schon faszinierend, daß es die Luft und das Wasser gibt, die Erde und das Feuer. Irgendwie ist das ein Material, das einfach da ist«. »Ja, und wir benutzen es, ohne groß drüber nachzudenken«, schließt sich Lilly den philosophischen Gedanken ihres Freundes an. Jolly hat eine Idee. »Laß uns ein paar Spiele mit Feuer, Wasser, Erde und Luft machen. Da bekommen wir auch schon einiges mit. Was meinst du?« »Eine tolle Idee. Kennst du dich denn aus mit Feuer und so?« Jolly ist fast beleidigt. »Natürlich, schließlich war ich früher oft beim Zelten in der freien Natur. Da mußt du Bescheid wissen, um keinen Schaden anzurichten«. Lilly staunt, denn über Jollys Zeltabenteuer wußte sie noch gar nichts. »Na, hoffentlich hast du auch Ideen zu den anderen Elementen. Die reizen mich auch«.

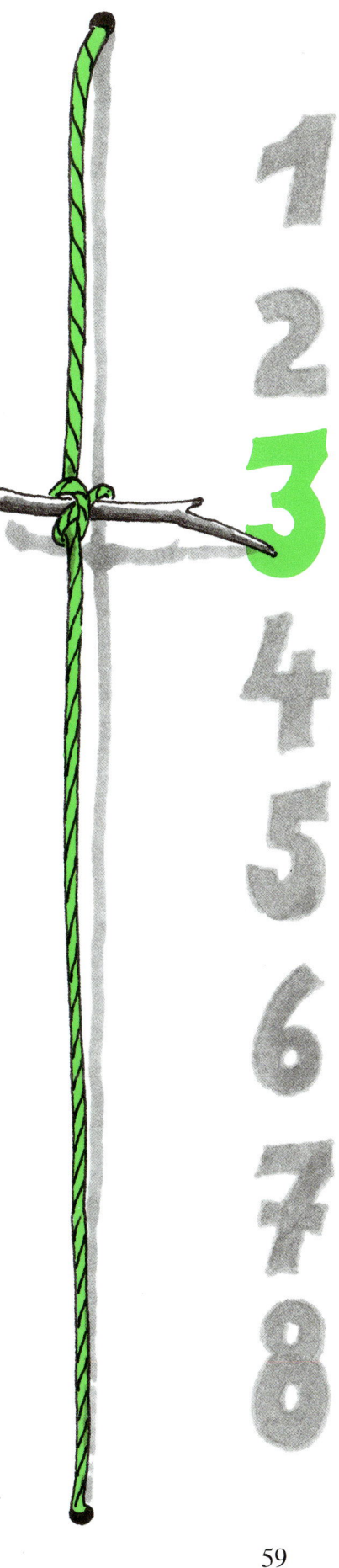

Feuer

Feuer-Geister

Anzahl:
Ab 3 SpielerInnen

Material:
Naturmaterialien wie Rindenstücke, Blätter, Gräser, Moos, Steine, weiter ein Teelicht oder eine kleine Kerze, ggf. auch alte Dosen, Flaschen, Gläser, Wäscheklammern, Fahrradreflektoren u. a., Zündhölzer.

Ort:
Überall

Die MitspielerInnen suchen sich in der Umgebung verschiedene Naturgegenstände wie Rindenstücke, Blätter, Gräser, Moos, Steine, Schiefer, oder auch Dosen, Gläser, Flaschen, Wäscheklammern, Fahrradreflektoren und Blechstreifen. Aus diesen Bestandteilen baut sich jede/r einen gruseligen Geist, der durch Hintergrundbeleuchtung erst richtig zur Geltung kommen soll. Wenn das Ungetüm fertig ist, warten alle auf die Dämmerung, stellen ein Teelicht hinter ihren Geist und gruseln sich.

Hinweis: Vorsichtig mit offenem Feuer umgehen! Löschwasser bereitstellen.

Feuerfrüchte

Anzahl:
Ab 3 SpielerInnen

Material:
Frische Mandarinen, Duftöl oder Speiseöl

Ort:
Überall

Jede/r schneidet eine Mandarine quer durch, so daß die Strunkenden oben und unten sind. Die Frucht wird herausgelöst und aufgegessen. Jetzt kann Duftpetroleum oder auch normales Speiseöl in eine Schalenhälfte gegossen und dann angezündet werden. Als Docht dient der stehengelassene Strunk, der zuvor etwas in das Öl eingetaucht wurde. Geschickte BastlerInnen schneiden in die zweite Mandarinenhälfte ein Loch und setzen sie dann wie einen Deckel auf die untere Hälfte.

Man kann auch Wachs in die Schalenhälfte gießen und gegebenenfalls einen echten Docht verwenden. Er wird erst in Wachs getaucht und gerade geformt. Dann kommt etwas Wachs in die Schale und der Docht wird senkrecht hineingesteckt. Ist die Verankerung gefestigt, wird langsam weiteres Wachs nachgegossen und darauf geachtet, daß der Docht gerade bleibt.
Alternativ können auch Orangenschalen oder Walnußschalen zu »Feuerfrüchten« werden, allerdings nur für die »Wachsversion«.

Hinweis: Darauf achten, daß die »Feuermandarinen« nicht seitlich wegkullern.

Feuerschatten

Zwischen zwei Bäume wird ein Leintuch gespannt. Die untergehende, rote Sonne ist die Lichtquelle. Wer zwischen Sonne und Leintuch sich bewegt, wird als Schatten auf dem Tuch für die anderen sichtbar. So entsteht ein athmosphärisches Spiel. Ist die Sonne untergegangen, werden Fackeln, Öllampen oder Kerzen entzündet, die als Lichtquelle dienen. So wird in vielen indonesischen Schattenspielen (»Wayang Kulit«) Licht für das geheimnisvoll anmutende Spiel erzeugt. Durch Flackern der Flammen entsteht eine eigene Stimmung und Bewegung im Schattenspiel.

Hinweis: Mit offenem Feuer vorsichtig umgehen, damit nicht plötzlich die Leinwand oder die Umgebung Feuer fängt. Am besten einen Löscheimer bereitstellen.

Anzahl:
Ab 5 SpielerInnen

Material:
Fackeln, Kerzen, Leintuch, Paketschnur, Sreichhölzer, Paketschnur, Löscheimer

Ort:
Überall

Feuerball

Anzahl:
Ab 3 SpielerInnen

Material:
Transparentpapier in Rot- und
Gelbtönen, Luftballons, Tapetenklei-
ster, Teelicht oder Laternen-Kerze

Ort:
Überall

Ein Luftballon wird aufgeblasen. Farbiges Transparentpapier
wird in schmale Streifen gerissen, kurz mit Tapetenkleister ange-
feuchtet und in mehreren Schichten auf den aufgeblasenen Ballon geklebt. Dabei sollten unregelmäßig – einem lodernden Feuer
gleich – helle und dunkle Stellen entstehen. Wichtig ist, daß die
Papierschichten überall gleich stark werden, also gegebenenfalls
mehrere Papierstreifen gleicher Farbe übereinandergeklebt werden müssen. Der vollständig beklebte Ballon muß nun einige Zeit
trocknen (etwa einen Tag). Es darf keine Feuchtigkeit mehr im
Papier sein, um es gut weiterbearbeiten zu können.
Jetzt wird oben ein Loch, etwa so groß wie ein Unterteller, hin-
eingeschnitten. Der Ballon platzt und kann vorsichtig herausge-
zogen werden. Mit einem weichgekauten Kaugummi oder auch
Doppelklebeband wird ein Teelicht in die Mitte des Bodens
geklebt. Links und rechts werden am Öffnungsrand zwei Löcher
durchgestoßen und ein Drahtbügel befestigt. An diesem kann ein
Tragstock angebracht werden. Jetzt wird die Kerze angezündet,
und der »Feuerball« ist fertig.

Variante: Wer sich noch mehr Mühe machen möchte, kann auch
einen »Feuervogel« konstruieren. Hierzu werden zwei beklebte
Ballons ein kleiner und ein großer – so aneinandergeklebt, daß
der kleine Ballon den Kopf, der große den Körper eines Vogels
darstellt. Lange, rot- und gelbtönige Transparentpapierstreifen
werden an einem Ende etwas mit Kleber bestrichen und als
Federschmuck an dem Phantasietier so befestigt, daß sie lustig im
Wind flattern und herunterhängen können. Der Kopf bekommt
einen kleinen Pappschnabel und aufgemalte oder geklebte Augen
und einen hochaufstehenden Federschmuck.

Wasser

Wasserfühlen

An einer günstigen Stelle am Ufer eines Baches, Flüßchens oder Sees ziehen alle ihre Schuhe und Strümpfe aus. Die Hosen hochgekrempelt und vorsichtig ins kühle Naß! Jetzt soll jede/r eine Weile das Wasser fühlen, also die Oberfläche und die Tiefe, die Strömung, die Wirbel, die Temperatur und die Konsistenz. Jede/r soll sich intensiv mit diesem Element auseinandersetzen, vielleicht auch mal den Standort ändern und an einer anderen Stelle wieder andere Wassergefühle erleben.

Wenn alle kalte Füße haben, treffen sich die MitspielerInnen am Ufer und unterhalten sich über die gemachten Erfahrungen. Was war das angenehmste Gefühl, was ist beim Fühlen aufgefallen? Gab es Unterschiede im Fühlen der Wasseroberfläche und der Wassertiefe? Wie war das Wasser in einem Strudel und wie im ruhig fließenden Zustand?

Hinweis: Vor dem Spiel muß abgeklärt werden, wer Nichtschwimmer ist oder im Wasser unsicher wird. Diese SpielerInnen sollten sich nur ganz nahe am Ufer aufhalten oder sich nur ans Ufer setzen und die Beine ins Wasser baumeln lassen. Ansonsten ist wichtig, daß sich die MitspielerInnen längere Zeit intensiv auf die Begegnung mit dem Wasser konzentrieren, dabei Füße, Arme und Hände einsetzen und, wer möchte, auch das Gesicht.

Anzahl:
Ab 3 SpielerInnen

Material: –

Ort:
Am Ufer eines Baches, Flüßchens oder Sees

Play Bach

Anzahl:
Ab 6 SpielerInnen

Material: –

Ort:
Bach- oder Flußufer mit unterschiedlicher Beschaffenheit wie mit kleinen Buchten, im Wasser liegenden Zweigen, Steinen oder Felsen im Wasser, verschiedenen Strömungen oder kleinen Stufen.

Es bilden sich zwei Kleingruppen. Jede zieht los und erforscht einen bestimmten Flußuferabschnitt oder Bachlauf. Dabei achten sie auf die verschiedensten Klänge und Geräusche des kleinen Flusses oder Baches. Gurgeln und Glucksen, helles Rauschen und dumpfes Grummeln, Zischen oder Schlagen versuchen alle SpielerInnen herauszuhören. Hat jede/r die vereinbarte Strecke genügend »erlauscht«, geht es darum, geräuschmarkante Stellen mit einem passenden Phantasienamen zu versehen.

Beispiel: *Das dumpfe Glucksen in einer Ausbuchtung heißt jetzt »Schwarzes Loch«, das leichte Säuseln über eine bewachsene Erhebung im Bach wird zum »Feengezwitscher« und das kräftige Rauschen über einem abgestorbenen Baum nennt sich nun »Wilder Westen«.*

Die Namen der Geräusche werden notiert. Haben alle Kleingruppen »ihren« Bach- oder Flußlauf kennengelernt und die geräuschmarkanten Stellen mit Namen versehen, treffen sie sich. Eine Gruppe führt eine andere in ihren Streckenabschnitt. Die Spieler/Innen der Rategruppe laufen am Ufer entlang und hören auf die Geräusche und Klänge des Wassers. Nach einer Weile werden die Namen der ausgewählten Stellen vorgelesen und die Rategruppe soll gemeinsam herausfinden, welcher Titel für welches Geräusch ausgedacht wurde. Dann wechseln die Rollen, und die bisherige Rategruppe führt die anderen zu ihrem Uferabschnitt.

Variante: Die SpielerInnen der Rategruppe können auch einzeln und mit geschlossenen Augen am Ufer entlang geführt werden. Sie bekommen einen Namen genannt und sollen »Stop« sagen, sobald sie glauben, die so benannte Stelle ist erreicht.

Variante: Ein Name einer Geräusch-Stelle wird vorgelesen. Eine/r der Rategruppe wird jeweils von einer Person an drei verschiedene Orte der Uferstrecke geführt und soll benennen, zu welcher Stelle der Titel am besten paßt.

Hinweis: Wichtig ist, daß bei der ersten Variante die »blinden« MitspielerInnen wissen, daß sie jederzeit die Augen öffnen können, wenn sie sich unsicher fühlen. Es muß auch immer eine Person zur Sicherheit neben der nichtsehenden Person mitgehen, damit sie nicht zu nah ans Wasser herangeht, stolpert oder sich irgendwie an herunterhängenden Ästen verletzt.

Edelsteine

An einer flachen Stelle am Ufer eines Baches, Sees oder Flüßchens suchen die SpielerInnen nach »Edelsteinen«. Über Jahrzehnte umspülte und vom Wasser glatt geschliffene Steinchen sind zu finden, die durch ihre Farbe oder Form auffällig und interessant wirken. Jede/r sammelt für sich die schönsten. Am Schluß präsentiert jede/r die eigene Edelstein-Sammlung in angemessener Weise auf einem dunklen Stück Rinde, der Wiese oder dem dunklen Sand am Ufer.

Anzahl:
Ab 3 SpielerInnen

Material: –

Ort:
Am Ufer eines Baches, Flüßchens oder Sees

Wasserburg und Fluß-Schloß

Am flachen Ufer eine Baches, Flüßchens oder Sees sammeln die SpielerInnen eine große Anzahl Steine und Steinchen. Eine große Burgenlandschaft soll entstehen. Dabei baut jede/r für sich eine Burg. Zu berücksichtigen ist die Strömung und der Lauf des Wassers. So sollen Kanäle und Brücken entstehen, Wasserfälle und Dämme. Am Schluß werden die Wasserburgen aller SpielerInnen mit Brücken und Wegen miteinander verbunden, so daß eine riesige Wasserburgenlandschaft entsteht.

Anzahl:
Ab 3 SpielerInnen

Material:
Steine

Ort:
Am Ufer eines Baches, Flüßchens oder Sees

Neuer Lauf

Anzahl:
Ab 3 SpielerInnen

Material:
Steine

Ort:
Am Ufer eines Baches oder Flüßchens

Der Lauf des Baches oder Flüßchens soll verändert werden. Alle MitspielerInnen überlegen gemeinsam, in welcher Weise der Lauf verändert werden könnte, welche Richtung und welche Windungen er nehmen könnte. Dann sammeln alle die benötigten Steine und versuchen gemeinsam, ihr Vorhaben zu verwirklichen, indem sie Mäuerchen und Kurven bauen oder auch Furten graben.

Hinweis: Wichtig ist bei Bach- oder Flußveränderungen, daß der Hauptlauf des Wassers keine Beeinträchtigung erfährt und Uferbefestigungen oder Pflanzen nicht zerstört werden. Gegebenenfalls müssen nach dem Spiel Mäuerchen und Steinwälle wieder abgeflacht und abgetragen werden.

Wasserorgel

Anzahl:
Ab 3 SpielerInnen

Material:
Leere Flaschen, geflochtene Gras- oder Rindenschnur, ggf. Paketschnur

Ort:
Am Ufer eines Baches oder Flüßchens

Wasser erzeugt auch Klang durch sein Volumen. Die SpielerInnen füllen in mehrere Flaschen unterschiedliche Mengen Wasser. Dann werden die Flaschen mit einer geflochtenen Gras- oder Rindenschnur an einen langen Ast gehängt. Mit einem harten Stock werden sie angeschlagen, und schon erklingt die schönste Melodie. Wenn jemand sehr musikalisch ist, können die Töne exakt nach der Tonleiter erzeugt werden, indem Wasser hinzugefüllt oder abgegossen wird.

Strömungsbilder

Anzahl:
Ab 3 SpielerInnen

Material:
Große Wanne mit Wasser, verschiedene Farben, Pinsel und Papier

Ort:
Überall

In eine große Wanne mit Wasser tropfen die SpielerInnen langsam und nacheinander einige Farbtropfen hinein. Mit einem Pinsel erzeugen sie Schlieren, Strömungen und Wirbel, die sie beobachten können. Dabei vermischen sich auch die Farben und marmorieren. Ein Blatt saugfähiges Papier kann vorsichtig unter so einen Farbwirbel gehoben und herausgenommen werden. Wenn das Papier trocken ist, kann es als außergewöhnliches Bild aufgehängt werden.

Erde

Mosaik

Mosaike gibt es auf der ganzen Welt und seit hunderten von Jahren. Die MitspielerInnen sollen in dieser Tradition ein selbst erdachtes Mosaik gestalten. Alle sehen sich am Ende die Landschaften, Figuren und Muster an.

Anzahl:
Ab 3 SpielerInnen

Material:
Kieselsteine, Felsabbruch, verschiedenfarbiger Sand, verschiedenfarbige Erde

Ort:
Überall

Erdbilder

Die MitspielerInnen bekommen je ein Kalenderfoto oder Bild einer einfach strukturierten Landschaft. Mit Erde, Kieseln, Felsabbruch und Sand versucht jede/r für sich, das Kalenderbild oder Foto nachzubilden. Am Ende schauen sich alle gemeinsam die Ergebnisse an.

Anzahl:
Ab 3 SpielerInnen

Material:
Erde, Sand, Kieselsteine, Felsenabbruch, Kalenderbilder oder Fotos von einfachen Landschaften wie beispielsweise eine sanfte Hügellandschaft in der Toskana, ein Gebirgspanorama der Alpen, ein Waldabschnitt mit einem Weg.

Ort:
Überall

Erdwunder

Anzahl:
Ab 3 SpielerInnen

Material:
Erde von unterschiedlichen Orten (Wald, Feldrand, Stadtpark, vom Gipfel eines kleinen Hügels, vom Rand einer Müllkippe oder der Uferregion eines Baches, Flusses oder Sees), mehrere Gefäße wie flache Tonschalen, Blumentöpfe, Gläser, Holzkistchen, leere Milchkartons, alte Büchsen, kleines Schäufelchen für jede/n.

Ort:
Wald, Feldrand, Stadtpark, Hügelspitze, Müllkippe, Bach-, Fluß- oder Seeufer

Jede/r SpielerIn hat einige Gefäße bereit und holt sich von unterschiedlichsten Stellen etwas Erde und füllt sie unvermischt in einen der eigenen Töpfe, in Schalen, Büchsen usw. Auf ein Zettelchen schreibt jede/r, woher die Erde stammt und wann sie eingefüllt wurde. Dann werden die Erdgefäße an verschiedenen Orten aufgestellt. Ohne sonderliche Pflege sollen nun die Erdwunder entstehen. Die SpielerInnen beobachten also, was sich aus den verschiedenen Erdsorten so alles entwickelt. Äußerst interessant. Wer die Erdwunder irgendwann nicht mehr braucht, kann sie auf den Kompost geben (nicht aber die Erde von der Müllkippe) oder an die Sammelstellen zurückführen.

Hinweis: Die Erde muß an offenen Stellen entnommen werden, also möglichst dort, wo das ohne großen Schaden vorgenommen werden kann. Es können auch Grassoden ausgestochen, abgehoben werden, Erde entnommen und der Grasdeckel wieder aufgesetzt werden.

Steinwerfer

Anzahl:
Ab 3 SpielerInnen

Material:
Flache Kieselsteine

Ort:
Ruhig fließender, flacher Fluß oder breiter Bach, See

Die SpielerInnen suchen sich superflache Kieselsteine. Dann stellen sie sich ans Ufer und werfen die Steine einzeln möglichst flach über das Wasser, so daß sie die Oberfläche berühren, aber nicht versinken. Geschickte WerferInnen können die flachen Kiesel springen lassen. Wer schafft die meisten Sprünge? Wer kann den Stein auf die andere Flußseite hüpfen lassen?

Hinweis: Die Fläche auf dem Wasser sollte frei von Schwimmern/Innen sein, um niemanden mit den Steinwürfen zu gefährden.

Immer höher, immer mehr

Anzahl:
Ab 3 SpielerInnen

Material:
Kieselsteine oder Felsenabbruch

Ort:
Überall

Die SpielerInnen bekommen zwei Minuten Zeit und sollen einen Turm bauen. Dabei ist nicht die Höhe entscheidend, sondern die Anzahl der verbauten Steine. Mindestens zehn Zentimeter muß der Turm allerdings hoch sein, sonst zählt er gar nicht als Turm.

Gleichgewicht

Die SpielerInnen bekommen die Aufgabe, ein bestimmtes
Gewicht aus unterschiedlichsten Materialien zusammenzubekom-
men. Hat jede/r verschiedene Häufchen beisammen, werden sie
der Reihe nach abgewogen. Wer ist dem erforderlichen Gewicht
jeweils am nächsten?

Anzahl:
Ab 3 SpielerInnen

Material:
Kieselsteine, Felsabbruch, Sand,
Erde, Lehm, Waage

Ort:
Überall

Labyrinth

Labyrinthe üben eine ungeheure Faszination aus. Es gibt zahlreiche weltberühmte Irrgärten. Die SpielerInnen können entweder
so ein berühmtes Labyrinth nachbilden oder sich selbst eines
erdenken. Gemeinsam staunen nach etwa einer Stunde alle über
die Ergebnisse.

Anzahl:
Ab 3 SpielerInnen

Material:
Kieselsteine, Felsabbruch, Sand,
Erde, ggf. Fotos berühmter Laby-
rinthe

Ort:
Überall

Erdfarben

Anzahl:
Ab 4 SpielerInnen

Material:
Verschiedenfarbige Erde, Sand,
Steine, Gefäße, Wasser, Gras, Rinde,
Blätter, eventuell Papier, Pinsel

Ort:
Überall

Die SpielerInnen sammeln unterschiedlich farbige Erde, Steine oder auch etwas Sand. Jede/r soll nun mit diesem Material versuchen, eine Farbe herzustellen. Dazu wird die Erde gemischt und gestampft, verdünnt, mit Sand oder auch zertrümmerten Steinen gestreckt. Am Ende präsentiert und benutzt jede/r die erfundene

Farbe. Dabei kann mit der Farbe mittels bemalter Rinde oder angeschmierten Steinen gedruckt oder mit eingetauchten Fingern, Gräsern oder Blättern gemalt werden.

Stein-Muster

Anzahl:
Ab 4 SpielerInnen

Material:
Verschiedene Steine, Farben, Pinsel

Ort:
Überall

Jede/r sammelt möglichst viele gleich große, glatte Kiesel. In einer bestimmten Anordnung (z. B. als Viereck, Kreis, Dreieck oder Dreier-Reihe) werden sie nebeneinandergelegt. Dann denkt sich jede/r ein Muster oder eine bestimmte Bemalung aus und malt sie auf die Steine. Jetzt kann jede/r die eigenen Steine durcheinandermischen und anderen die Aufgabe stellen, das ursprüngliche Muster zusammenzubringen.

Variante: Jeder soll mit den »Muster-Steinen« neue Muster legen.

Figuren der Ewigkeit

Anzahl:
Ab 4 SpielerInnen

Material:
Verschiedene Steine, lösungsmittelfreien Steinkleber, ggf. Farben, Pinsel

Ort:
Überall

Alle MitspielerInnen suchen in einem ausgewählten Gebiet interessante oder markante Steine zusammen. Ob groß oder klein, spitz oder stumpf, hell oder dunkel, lang oder dünn entscheidet jede/r selbst. Haben alle eine größere Anzahl beisammen, geht es an die Gestaltung. Ziel ist, daß jede/r eine oder auch mehrere Steinfiguren zusammenklebt. So entstehen Frauen und Männer, Kinder, Tiere, Fabelwesen, Zwerge und Riesen.

Unterwelt

Alle MitspielerInnen bauen einen hohen Sandturm oder eine Burg. Obenauf wird ein kleines Fähnchen (Stöckchen mit einem Blatt als Fahne) gesteckt. Eine/r beginnt und schabt von unten her mit einer Hand etwas Sand weg. Dann ist ein/e weitere/r SpielerIn dran. Nach und nach wird das Bauwerk unterhöhlt. Jede/r achtet darauf, daß es nicht zusammenbricht. Wer meint, daß es beim nächsten Graben zusammenstürzt, gibt das bekannt. Stimmt es, muß den nächsten Turm die Person bauen, bei der der Einsturz geschah. Kracht das Bauwerk nach der Ankündigung nicht zusammen, muß das nächste die Person bauen, die falsch schätzte.

Anzahl:
Ab 4 SpielerInnen

Material:
Sand

Ort:
Überall, wo es Sand gibt

Garten im Glas

In eine große Flasche wird eine Schicht Kies eingefüllt, vielleicht zwei bis drei Zentimeter hoch. Darüber könnte noch etwa ein Zentimeter dick Blähton geschichtet werden. Darauf kommt eine etwa drei Zentimeter dicke Schicht Humus (am besten aus kompostierter Erde). Jetzt wird vorsichtig etwas Wasser auf der Erdschicht verteilt, aber nur soviel, daß alles feucht ist, aber kein Matsch entsteht.
Mit einigem Abstand zueinander werden jetzt die Pflanzen vorsichtig eingepflanzt. Die Anordnung sollte so sein, daß an einer Stelle (hinten) die höheren Pflanzen und davon ausgehend in abfallender Linie die kleineren Pflanzen eingesetzt werden. Die Innenwand sollte von möglichen Erdresten gesäubert werden. Die Pflanzen werden mit einem Zerstäuber besprüht, und zum Schluß kommt der dicke Korken auf das Glas. An einem hellen Platz macht sich das Glas ausgezeichnet, es darf nur nicht in der prallen Sonne stehen. Das Interessante ist, daß sich der Wasserhaushalt in dem Glas selbst regelt, da die Pflanzen ihren benötigten Sauerstoff selbst produzieren und auch ausreichend Feuchtigkeit durch Verdunstung und Kondensation vorhanden ist. So kann jede/r den natürlichen Kreislauf von Wasseraufnahme der Pflanzen, Verdunstung, Kondensation und Regen beobachten.

Hinweis: Ist das Glas ständig beschlagen, ist zuviel Feuchtigkeit vorhanden und es muß einige Zeit offen stehen und erst dann wieder verschlossen werden. Vertrocknete Pflänzchen weisen auf zu wenig Feuchtigkeit hin.

Anzahl:
Ab 2 SpielerInnen

Material:
Ein großes, ungefärbtes Glas mit großer, aber verschließbarer Öffnung (Korken), Kies, Erde und Pflanzen (keine Samen), die Feuchtigkeit lieben (Farne, Efeu, Zwerg-Alpenveilchen, Steingartenpflanzen), eventuell Blähton.

Ort:
Überall

Ton-, Steine-, Erde-Glas

Anzahl:
Ab 4 SpielerInnen

Material:
Erde, Steinchen, Sand, Ton, ein
Gurkenglas mit Deckel für jede/n

Ort:
Überall

Zunächst sammeln alle MitspielerInnen in verschiedenen Tüten
oder anderen Gefäßen unterschiedlichste Steinchen, verschiedenfarbige Erde, Sand oder auch Ton. Jede/r bekommt ein
Gurkenglas und füllt dieses nun nach eigenen Vorstellungen nach
und nach mit den gefundenen Naturböden. Durch die
unterschiedliche Beschaffenheit des Materials entstehen interessante Muster oder Landschaften im Glas. Am Schluß kommt der
Deckel drauf, und das Glas wird aufs Fensterbrett gestellt.

Hinweis: Wer nicht möchte, daß sich üble Gerüche entwickeln,
sollte nur trockenes Material verwenden. Zum Beispiel können
phantastische Sandlandschaften entstehen, wenn der Sand ganz
vorsichtig eingerieselt wird.

Steife Klamotten

Anzahl:
Ab 3 SpielerInnen

Material:
Alte Kleidungsstücke, Schuhe,
Kopfbedeckungen, alte Wanne,
handelsüblicher Gips, Stöcke, Draht,
Luftballons

Ort:
Überall

In einer alten Wanne wird Gips nach Anleitung angerührt. Da
hinein werden alte Kleidungsstücke, Schuhe oder auch Kopfbedeckungen getaucht und dann kräftig durchgeknetet. Langsam
müssen nun die triefenden Kleidungsstücke aus dem Brei heraus-
gehoben werden. Damit sie etwas Volumen bekommen, sollten
sie mit Stöcken, Draht, Luftballons oder ähnlichen, später wieder
leicht zu entfernenden Gegenständen ausgestopft, bzw. in Form
gebracht werden. Auch auf dem Kleiderbügel aufgehängt,
bekommen sie ein gefälliges Äußeres. Wer will, kann den Bügel
gleich mit eingipsen. Wenn das Werk trocken ist, sollte es einige
Male mit dünnem Gipsbrei überpinselt werden.

Luft

Naturflieger

Wer ein wenig vom Fliegen versteht, weiß, daß es auf das Zusammenspiel von Luftströmung, Schwerkraft und Auftrieb ankommt. Der Schwerpunkt eines Flugobjektes sollte möglichst weit vorne liegen, da es keinen Motor gibt, der einen gleichbleibenden Luftstrom erzeugt, sondern die Strömung einzig durch die Wurf- bzw. Fallgeschwindigkeit des Fluggerätes entsteht. Die SpielerInnen sollen ein Naturfluggerät konstruieren.

Dazu sucht sich jede/r Stöcke und großflächige Blätter. Die Tragflächen sollten ruhig groß bemessen werden, um ein »edleres« und ruhigeres Flugverhalten zu erzeugen. Zwei Stöcke werden der Länge nach mit geflochtener Gras- oder Rindenschnur zusammengebunden. Großflächige Blätter werden jetzt zwischen den Längsrumpf aus Holz gesteckt und erste Flugversuche gemacht. Der Schwerpunkt kann durch kleine Steinchen oder dazugebundene Ästchen verändert werden. Wer konstruiert das Fluggerät mit den tollsten Flugeigenschaften?

Anzahl:
Ab 2 SpielerInnen

Material:
Stöckchen, großflächige Blätter, geflochtene Gras- oder Rindenschnur

Ort:
Überall

Windwerfen

Anzahl:
Ab 4 SpielerInnen

Material:
Zeitungspapier, starker Wind

Ort:
Überall

Aus Zeitungspapier werden kleine Papierbälle geknüllt. Dann vereinbaren alle eine Abwurfmarkierung und ein bestimmtes Ziel (Parkbank, Baumstumpf, auf den Boden gekratzter Kreis) und stellen sich so auf, daß der Wind quer zur vorgesehenen Wurfrichtung bläst. Aufgabe ist, die Papierbälle ins Ziel zu werfen.

Variante: Wenn sich zwei Gruppen bilden, kann es auch darum gehen, welche der beiden Gruppen die meisten Treffer hat.

Sanfter Fall

Anzahl:
Ab 4 SpielerInnen

Material:
Alter Stoff, Schere, Paketschnur für jede/n, Textil-Klebeband, ggf. Locher oder Lochzange

Ort:
Überall

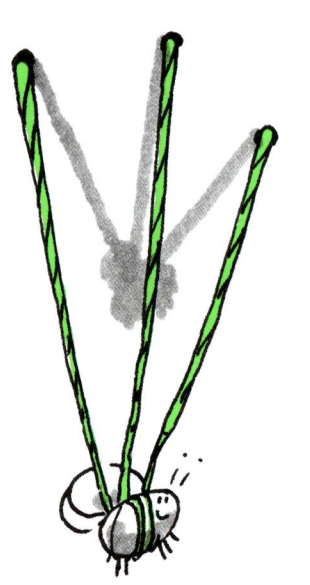

Der Traum vom Fliegen ist so alt wie die Menschheit. Nicht jede/r will ihn gleich verwirklichen. Fallschirmspringen ist auch für ZuschauerInnen interessant und spannend. Aus einem alten Stück Stoff schneidet jede/r einen Kreis mit etwa fünfzig Zentimeter Durchmesser aus. An sechs gleichmäßig verteilten Punkten am Rand des Kreises wird mit einem Textil-Klebeband eine Verstärkung aufgeklebt. In diese Verstärkung sticht jede/r ein Loch (oder stanzt es mit einem Locher oder einer Lochzange heraus). Sechs gleich lange Schnüre werden jeweils an einem Ende dreimal verknotet und jeweils durch eines der sechs Löcher gefädelt. Durch die Dicke des Knotens kann die Schnur nicht ganz hindurchrutschen und ist somit auf einer Seite befestigt. Die anderen Enden der Schnüre werden zu einem Knoten zusammengebunden. An diesen dicken Knoten wiederum befestigt jede/r einen etwa tomatengroßen Stein. Von einer erhöhten Stelle aus wird der Fallschirm fallen gelassen.

Wenn er nicht richtig fliegt, ist vielleicht der Stein zu schwer, sind die Schnüre verheddert, ist der Wind zu stark oder der Fallschirm nicht richtig abgeworfen worden. Hier hilft nur erneutes Ausprobieren.

Hinweis: Die MitspielerInnen sollten die Fallschirme vorsichtig fallenlassen bzw. werfen, um sich nicht gegenseitig mit den als Gewicht befestigten Steinen zu verletzen.

Wurf-Kastanien

Jede/r konstruiert mehrere »Wurf-Kastanien«. In eine Kastanie wird mit dem Handbohrer ein etwa ein Zentimeter tiefes Loch gebohrt. Dann wird ein Büschel langes Gras oder auch Schilf an einem Ende so fest zusammengedrückt, daß es mit einer leichten Drehung in das Loch gepreßt werden kann. Jetzt kann die »Wurf-Kastanie« mit ihrem Schweif durch die Luft geworfen werden.

Anzahl:
Ab 2 SpielerInnen

Material:
Kastanien, Handbohrer, lange Gräser oder Schilf

Ort:
Überall

Windgeplänkel

Jede/r sucht sich eine interessant gewachsene Wurzel. Dazu werden zahlreiche Naturgegenstände wie Steine, Schneckenhäuser, Muscheln, Federn, Rindenstücke, hohle Bambusstöckchen, verschiedenste andere Stöcke, kleine Schieferplatten und anderes mehr benötigt. Die Naturgegenstände werden an einer dünnen, geflochtenen Gras- oder Rindenschnur, ggf. auch Paketschnur befestigt und in unterschiedlichen Abständen zueinander an die Wurzel gebunden. Mit einer stärkeren Schnur kann die Wurzel nun an einem etwas windigeren Platz hängend befestigt werden. Wenn nun ein leichter oder auch mal stärkerer Wind geht, plänkeln die Gegenstände leise aneinander und erzeugen zarte Naturmusik.

Anzahl:
Ab 2 SpielerInnen

Material:
Wurzel, Naturgegenstände wie Steine, Hölzchen, Federn, Schneckenhäuser, Muscheln, Schieferplatten, Rindenstücke, hohle Bambusstöckchen, Faden, geflochtene Gras- oder Rindenschnur, ggf. Paketschnur

Ort:
Überall

Wind-Objekte

Anzahl:
Ab 4 SpielerInnen

Material:
Papier, Stoffe, Paketschnur, Weiden-
ruten, Stöcke und Zweige, Blätter,
ggf. auch Plastik- und Papiertüten,
Fahrradfelgen, Stangen, Pfähle,
Nägel, Hammer, Zangen, Draht,
Scheren.

Ort:
Überall

Aus Weidenruten, Stoff und Schnur werden kleine Segelflächen gestaltet. Hierzu werden die Ruten gebogen und die Enden zusammengebunden. Dann schneiden die GestalterInnen Stoff in

Form und befestigen ihn mit Schnur an den Weidengebilden. Sind einige Segel fertig, können sie an einem dickeren Stamm befestigt werden, so daß sie weit von ihm abstehen. Der Stamm wird an den Enden eingekerbt und auf zwei dicken Pflöcken mit starken Ast-gabeln am oberen Ende aufgelegt. Jetzt kann der Wind kommen und sie bewegen.

Variante: Es werden große Stoff- und Papierflächen zwischen Weidenruten gespannt. Diese Gebilde werden an zwei »Schar-nier«-Punkten an einem Baum befestigt, so daß sie bei aufkom-menden Wind sich hin- und herbewegen können. Sie können auch an einem freistehenden Pfahl befestigt werden.

Variante: In städtischer Umgebung werden Altmaterialien gesammelt wie beispielsweise alte Fahrradfelgen, Autofelgen, Draht usw. Auch hieraus lassen sich großflächige Segelgebilde bauen, teilweise mit faszinierenden Klangeffekten.

Hinweis: Immer wichtig ist die gute Befestigung der Segelobjekte und deren Verankerung am Boden, um Unfällen vorzubeugen.

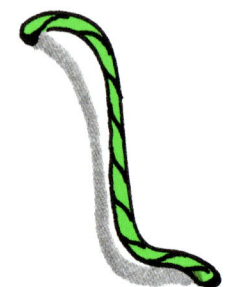

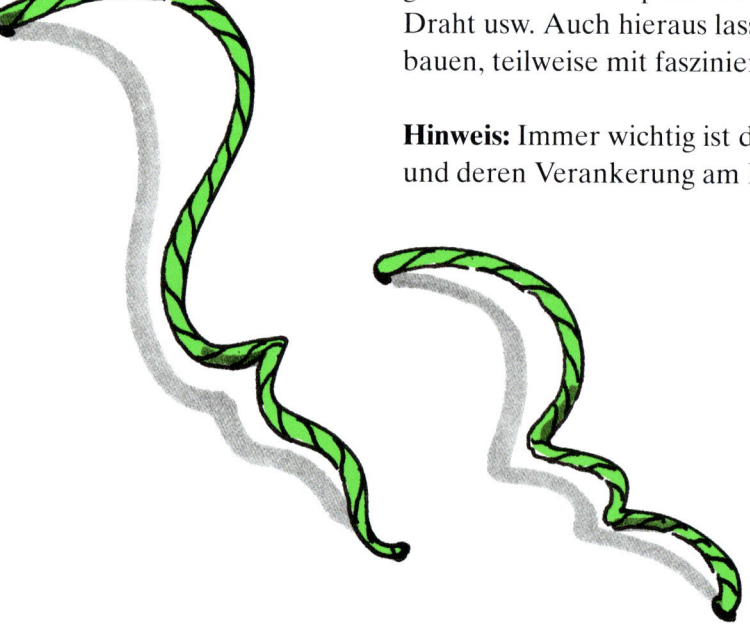

Bunte Perlen im Wind

Zunächst wird Seifenblasen-Flüssigkeit hergestellt (siehe Beispiele). Aus einem Stück Schweißdraht (oder auch anderem Draht) biegt sich jede/r eine beliebige Form und umwickelt den Draht mit etwas Mullbinde. Wichtig ist, daß die Binde fest gewickelt und ebenso fest verklebt bzw. fest geknotet wird, damit sie sich im feuchten Zustand nicht zu leicht vom Draht löst. Das Drahtgebilde wird an einem Stock festgemacht. Die Seifenlauge wird in ein flaches Gefäß gegeben. Dort tauchen alle ihre Drahtgebilde ein und ziehen sie vorsichtig heraus. Bei manchen entstehen dabei schon die Seifenblasen, andere müssen auf Wind warten oder selbst durch das Gestell pusten. Herrlich, wenn der sanfte Wind die bunt schillernden Perlen tanzen läßt.

Beispiele:
➤ *1. Rezept. 50 Gramm Zucker und 75 Gramm Schmierseife mit 0,9 Liter Wasser zusammen aufkochen und dann erkalten lassen. Dann 0,1 Liter normal angerührter Tapetenkleister dazugeben und gut miteinander verrühren.*
➤ *2. Rezept. 2 – 3 Eßlöffel Waschmittel mit drei Litern destilliertem Wasser sowie einem Löffel Glyzerin (Apotheke oder Drogerie) gut vermischen.*

Anzahl:
Ab 2 SpielerInnen

Material:
Seifenblasen-Flüssigkeit, Schweißdraht, Mullbinde, Textilklebeband, Stöcke, schmales Gefäß (Schüssel, Deckel eines Riesentopfes)

Ort:
Überall

Der Wind bist du

Alle stehen im Kreis. Jede/r denkt sich eine bestimmte Erscheinungsform des Windes und das passende Geräusch dazu aus. Der Reihe nach spielt nun jede/r den anderen den eigenen Wind vor und macht dazu auch die passenden Bewegungen. So lernen alle eine leichte Brise, einen starken Herbstwind, den eisigen Winterwind oder das laue Frühlingslüftchen oder auch den verheerenden Orkan oder Wirbelwind kennen.

Anzahl:
Ab 4 SpielerInnen

Material: –

Ort:
Überall

Flugtag

Die SpielerInnen bauen sich verschiedene Papierflieger und testen die jeweiligen Flugeigenschaften. Auf der vereinbarten Spielfläche werden verschiedene Stationen gekennzeichnet. Jede/r muß mit einem ausgewählten Flugzeug die entsprechenden Aufgaben erfüllen. Wer die Aufgabe komplett erfüllt, bekommt fünf Punkte, wer etwa die Hälfte der Aufgabe geschafft hat, drei Punkte und wer es nur ansatzweise geschafft hat, einen Punkt.

Anzahl:
Ab 4 SpielerInnen

Material:
Papier, Papierflieger-Anleitungen, ein aus einer Weidenrute gebundener Ring, Papier, Stifte

Ort:
Überall

Beispiele:
➤ *Durch einen Ring fliegen.*
➤ *Auf einer bestimmten Landefläche landen.*
➤ *Einen kleinen Stock über eine bestimmte Distanz befördern.*
➤ *Eine Kurve fliegen.*
➤ *Über eine bestimmte Linie fliegen und zurückkommen.*
➤ *Möglichst weit fliegen.*
➤ *Möglichst hoch fliegen (in drei verschiedenen Höhen sind Äste oder Abschnitte an einer Wand markiert).*
➤ *Einen hochgeworfenen Gegenstand treffen, bevor dieser wieder den Boden berührt.*

Luftschlange

Ein langes Stoffband wird ausgebreitet. Eine/r faßt das Band am schmalen Ende und bewegt es auf und nieder, so daß eine Welle entsteht. Sie sollte das andere Ende erreichen und das Ganze sich periodisch wiederholen. Jede/r sollte es einmal versuchen.

Anzahl:
Ab 2 SpielerInnen

Material:
Etwa fünf bis zehn Meter langes Stoffband

Ort:
Überall, wo viel Platz zum Laufen und auch Wind ist

Variante: Aufgabe ist es, alleine das Stoffband immer in der Luft zu bewegen, ohne daß es den Boden berührt. Vielleicht kann es jemand hinter sich herwehen lassen.

Variante: Alle stellen sich unter das Stoffband und bewegen es mit ihren Händen ständig nach oben, ohne dabei das Band zu verlieren und ohne daß es den Boden berührt.

Variante: Die MitspielerInnen verteilen sich gleichmäßig links und rechts neben dem Band und fassen mit einer Hand an den Rand. Dann laufen sie los und versuchen dabei, kurvige und elegante Bewegungen mit dem Band zu erzeugen, ohne es loszulassen oder zu verlieren.

Jolly Jogger und Lilly Linde schaffen wahre Kunst

»Irgendwie ist die Natur ein richtiges Kunstwerk«, sagt Jolly staunend. »Ja, alles ist so faszinierend geformt oder gestaltet. Die Farben, die Formen – einfach alles«, erwidert Lilly angetan. Und Jolly meint: »Sogar der Mensch selbst ist ein Kunstwerk; wenn du überlegst, wie unterschiedlich alle aussehen, was sie für Fähigkeiten haben, wie sie empfinden und sich verhalten«. Lilly denkt eine Weile nach. »Aber die Menschen sind auch Künstler, denn sie können aus allem, was schon da ist, immer wieder etwas Neues machen, es verändern und gestalten«. »Das ist wahr. Wie wär's, wenn wir uns auch mal künstlerisch betätigen und mit den Materialien, die wir finden, schöpferisch tätig werden und etwas Neues entwerfen?«

Lilly findet den Vorschlag großartig. Sie hat auch schon die erste Idee. »Komm, laß uns hier in dem Waldstück ein wenig umherlaufen und auf die Inspiration warten«. »Inspiration. Naja, ob die einfach so kommt?« fragt Jolly ungläubig. »Du mußt dich nur mal mit einer Sache konzentriert befassen, vom vorgegebenen Material ausgehen. Schau einfach, was dein Material für eine Beschaffenheit hat, wie es sich anfühlt, welche Form es hat oder annehmen kann und was es für dich ausdrückt, dann werden dir die Ideen schon zufallen«. Warten wir also gespannt auf die sicher eindrucksvollen Ergebnisse.

ICH BIN EIN KUNSTWERK -!?!

1
2
3
4
5
6
7
8

Bilder vom Untergrund

Anzahl:
Ab 3 SpielerInnen

Material:
Weißes Papier, Wachsmalstifte und
Bleistifte

Ort:
Überall

Die MitspielerInnen bekommen Papier und Stifte. Dann suchen
sie in der Umgebung Strukturen und Oberflächen, die sie interessant und ansprechend finden. Das können Rinde oder Blätter
eines Baumes, die Wurzel eines umgeknickten Busches, ein
moosbewachsener Felsabschnitt, die Pflastersteine um die Parkbank oder die Drahtstruktur eines Schutzzaunes für die Kröten-

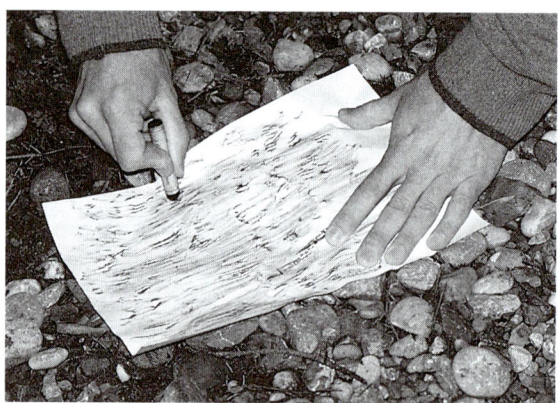

wanderung sein.
Wer etwas ent-
deckt hat, legt
ein weißes Blatt
auf den Unter-
grund und
streicht mit
einem Stift
immer in einer
Richtung so über
das Papier, daß
sich die Ober-
flächenstruktur
abzeichnet. Das Blatt wird numeriert und der Ort des betreffenden Untergrundes auf einem Extrablatt notiert.
Hat jede/r drei, vier oder fünf solcher »Bilder vom Untergrund«,
treffen sich alle und stellen ihre Werke in einer Ausstellung vor.
Dann kommt der zweite Teil: die sogenannten »Frottagen« (Bilder) werden untereinander ausgetauscht und die SpielerInnen
versuchen die Stellen zu entdecken, die als Grundlage für die
Zeichnungen dienten.

Hinweis: Die Durchzeichnungen müssen sorgfältig gemacht werden, damit einerseits das Papier nicht reißt, andererseits das
»Wesen« einer Struktur auch wirklich deutlich wird.

Naturskulptur

Jede/r sammelt verschiedene Gegenstände. Wurzeln, Steine, Rinde, Blätter, Stöcke, Äste, Tierknochen, Samenkapseln und was sonst zu finden ist. Sie werden intensiv begutachtet. Jede/r überlegt für sich, wie die Teile zueinander wirken, welche gut zusammenpassen und was entstehen könnte, wenn sie miteinander verbunden werden. Nach einer intuitiven Phase des Nachdenkens beginnen alle SpielerInnen und gestalten mit ihren Materialien eine Skulptur. Am Ende der Aktion gibt es eine »Vernissage«. Die KünstlerInnen stellen voller Inbrunst und Engagement ihre Werke der Öffentlichkeit, also den anderen MitspielerInnen vor.

Anzahl:
Ab 2 SpielerInnen

Material:
Gesammelte, unterschiedlichste Naturgegenstände wie Wurzeln, Rinde, Steine, Äste, Blätter, Tierknochen

Ort:
Überall

Hartnäckige Giftfresserin

Die MitspielerInnen sollen eine Pflanze erfinden, die verschiedenste Eigenschaften hat. Dabei kann sich jede/r selbst überlegen, was das Besondere an der Erfindung sein soll, welche Fähigkeiten oder Merkmale das neuartige Gewächs haben soll. Schließlich soll jede Pflanze auch noch einen treffenden Namen erhalten. Nach etwa 30 Minuten treffen sich alle und jede/r stellt den anderen die Eigenentwicklung vor, nennt den Namen und erläutert, welche bestimmten Eigenschaften die Pflanze hat und weshalb diese notwendig erscheinen.

Anzahl:
Ab 4 SpielerInnen

Material:
Gesammelte, unterschiedlichste Naturgegenstände wie Wurzeln, Rinde, Steine, Äste, Blätter, Tierknochen

Ort:
Überall

Umgebungsstück

Anzahl:
Ab 3 SpielerInnen

Material:
Vorhandene Materialien wie Papier, Dosen, Gras, Rinde, Stöcke, Zweige, Blätter, Draht, Radkappen, Besenstil, verrostetes Schild

Ort:
Überall

Innerhalb einer vereinbarten Spielfläche verteilen sich alle SpielerInnen und versuchen die Umgebung intensiv wahrzunehmen und die gegebenen Strukturen zu erfassen. Dabei versuchen alle, sich in die Gegebenheiten einzufühlen. Den Schluß dieses Spieles bildet die Verwandlung aller MitspielerInnen in Teile dieser Umgebung. Jede/r überlegt sich, wie sie bzw. er sich selbst mit dem vorhandenen Material zu einer Gestalt, Skulptur oder Landschaft gestalten könnte. Dann treffen sich alle, und der Reihe nach besuchen sich die SpielerInnen an den Gestaltungsorten der anderen und erleben, wie sich jede/r nach und nach zu einem Stück der Umgebung verändert.

Strukturen-Teppich

Anzahl:
Ab 3 SpielerInnen

Material:
Verschiedenste Naturmaterialien wie Gras, Rinde, Steine, Stöcke, Blätter, Moos

Ort:
Wald, Waldrand, Feld, Feldrand, Wiese, aber auch überall

Die GestalterInnen sammeln in größerer Menge unterschiedlichste Naturmaterialien wie Moose, Steine und Sand, Erde, Blätter, Rinde, Gräser, Ästchen. Gemeinsam gestalten dann alle einen Natur-Strukturen-Teppich. Dabei entstehen die fantastischsten Muster und Formen.

Hinweis: Wie bei allen Naturspielen ist beim Sammeln der Materialien darauf zu achten, daß geringste Spuren hinterlassen werden, vorhandene Strukturen geschickt eingepaßt werden und nichts in der Natur zerstört wird.

Strukturgesicht

Anzahl:
Ab 2 SpielerInnen

Material:
Wasserschmink-Palette, feine Pinsel, Kosmetik-Spiegel, ggf. Tüchlein zum Abwischen überschüssiger Farbe.

Ort:
Überall

Grundlage dieser künstlerischen Aktion ist das Spiel »Meine Struktur« (siehe Seite 17). Es werden Paare gebildet. Beide erzählen sich gegenseitig von ihren wahrgenommenen Strukturen und Oberflächen, die sie unterwegs entdeckt haben und was das bei ihnen an Gefühlen und Erinnerungen ausgelöst hat. Dann beschreiben sie sich ihre »Lieblingsstruktur«. Jede/r schminkt nun der Partnerin bzw. dem Partner die beschriebene Struktur möglichst genau ins Gesicht. Phantastische Masken entstehen dadurch, die eine harmonische Einheit mit der Person bilden, die sich die Struktur ausgesucht hat.

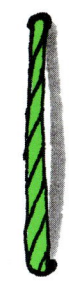

Hinweis: Die SpielerInnen sollten sehr konzentriert und detailliert ihre Struktur beschreiben, um eine gute Wiedergabe als geschminkte Maske zu ermöglichen. Wer schminkt, muß sich sehr viel Mühe geben, um die Struktur treffend aufzumalen. Wichtig erscheint mir auch der Hinweis, daß niemand zu sehr enttäuscht sein soll, wenn die beschriebene Struktur mit dem geschminkten Ergebnis nicht genau übereinstimmt. Die Auseinandersetzung mit den Strukturen in der Natur, das Wahrnehmungserlebnis und die Konzentration auf die Beschreibung sowie das Hören auf die Partnerin bzw. den Partner sind der Hauptinhalt dieser Aktion.

Nature-Art

Material:
Vorhandene Natur-Materialien wie Gras, Rinde, Stöcke, Zweige, Blätter, Steine. Für die Variante vorhandene und umherliegende Gegenstände wie Radkappen, Fahrradreflektoren, Glasflaschen, Dosen, Plastikfolien, Papier usw.

Ort:
Überall

Intensive Wahrnehmung ist Voraussetzung für dieses schöpferische Spiel. In einem vereinbarten Gebiet verteilen sich alle. Jede/r soll sich an einem Ort niederlassen, der eine große Anziehungskraft

in irgendeiner Weise angesprochen und animiert hat, es sich genauer anzusehen. Das Material soll betrachtet, betastet und berochen werden. Es ist wichtig, daß jede/r eine intensive Beziehung zu dem ausgewählten Material ent-

Struktur und Ausformung sich aus der Beschaffenheit und Erscheinungsform des zu verarbeitenden Materials von selbst ergibt. Die Eigenart des Materials ist also die Grundlage für die Verarbeitung zu

auf die betreffende Person ausübt. Zunächst sollen alle ihre nähere Umgebung auf sich wirken lassen. Nach einer Weile geht es darum, ein bestimmtes Material zu entdecken, das die SpielerInnen

wickelt.
In der letzten Phase soll mit diesem Material – gegebenenfalls auch in Kombination mit anderen Naturgegenständen und -materialien – ein Kunstwerk gestaltet werden, dessen

einem Kunstwerk. Gestalterisch sind dabei keine Grenzen vorgegeben. Wesentlich ist allerdings der Einklang des Geschaffenen mit der Umgebung und der Vorstellungskraft der gestaltenden Person.

Variante:
In städtischer Umgebung kann mit umherliegenden und vorhandenen Materialien und Gegenständen gearbeitet werden wie Radkappen, Fahrradreflektoren, Glasflaschen, Dosen, Plastikfolien, Papier usw.

Variante: Eine andere Variante ist, den Spielern/Innen und KünstlerInnen abstrakte thematische Vorgaben zu machen.

Beispiele:
Spirale, Kreis, Quadrat, Dreieck, Pyramide, Turm, Wand, durchscheinend, gerade, Bogen, Stern, Kontrast, warm, kalt.

Hinweis:
Kunst beginnt

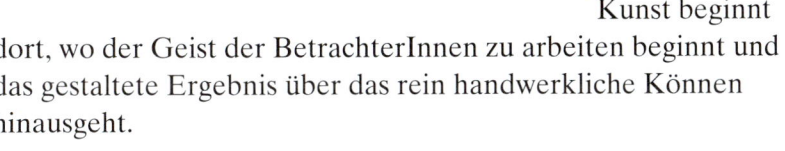

dort, wo der Geist der BetrachterInnen zu arbeiten beginnt und das gestaltete Ergebnis über das rein handwerkliche Können hinausgeht.

Rieselkunst

Anzahl:
Ab 4 SpielerInnen

Material:
Sand

Ort:
Ebene Fläche, bei der es Sand gibt

Auf einer ebenen Fläche gestaltet jede/r ein bedeutendes Kunstwerk. Einziges Material ist loser, trockener Sand, den die GestalterInnen langsam herabrieseln lassen.

Naturwand

Anzahl:
Ab 3 SpielerInnen

Material:
Dias von Naturgegenständen oder Naturausschnitten, Diaprojektor, Farben und Pinsel

Ort:
Zimmerwand

Darf eine Zimmerwand frei gestaltet werden, gibt es mit »Naturwand« eine interessante Gestaltungsmöglichkeit. Das Dia eines außergewöhnlichen Naturgegenstandes oder -ausschnittes wird möglichst groß an die Wand projiziert. Gemeinsam fahren die GestalterInnen die einzelnen Konturen auf der Fläche nach und malen dann mit den entsprechenden Farben die Flächen aus. Es entsteht eine fantastische Wandgestaltung, die ihresgleichen sucht.

Hinweis: Es sollte nach Möglichkeit ein einfach strukturiertes und nicht zu kompliziertes Fotos ausgewählt werden.

Ewige Steinstadt

Steine aller Art, rund, spitz, rauh, glatt, klein oder groß, dienen als Baumaterial für die «Ewige Stadt aus Stein». Jede/r SpielerIn befaßt sich zunächst mit den eigenen Steinen und überlegt, welche zueinander passen. Dann werden passende Steine mit einem lösungsmittelfreien Steinkleber verklebt. Wenn sie trocken sind, können sie bemalt und lackiert werden. Fensterfronten und Türen, Aufzüge oder Plakatwände, Werbesprüche und Hinweisschilder werden aufgemalt und es entsteht eine richtig kleine Spielstadt. Mit etwas Geschick können auch Züge, Fahrzeuge, Bäume usw. aus dem harten Material entstehen. So ist bald genügend Zubehör für spannende Rollenspiele vorhanden.

Hinweis: Jüngere Kinder sind noch nicht so geschickt im Umgang mit dem starken Kleber. Etwas Hilfe ist eventuell erforderlich, damit sie nicht die Freude am Spielen verlieren, wenn alles verklebt ist, nur ihre Steine nicht.

Anzahl:
Ab 2 SpielerInnen

Material:
Gesammelte, unterschiedlich geformte kleine und große Steine; lösungsmittelfreier Steinkleber

Ort:
Überall

Naturgesichte — Naturgeschichte

Anzahl:
Ab 3 SpielerInnen

Material:
Verschiedenste Naturmaterialien wie
Gras, Rinde, Steine, Stöcke, Blätter,
Moos, geflochtene Gras- oder Rin-
denschnur, eventuell Paketschnur
und etwas Gummilitze

Ort:
Wald, Waldrand, Feld, Feldrand,
Wiese, aber auch überall

Jede/r SpielerIn soll eine Naturmaske herstellen. Alle suchen
dazu in einem vereinbarten Gebiet ansprechende und interessante Naturmaterialien zusammen, die jede/r für sich zum Bau
einer Maske verwenden könnte. Zur Befestigung am Kopf oder
Körper wird geflochtene Gras- oder Rindenschnur, eventuell
etwas Paketschnur oder Gummilitze verwendet. Am Schluß zeigen sich alle mit ihrer Naturmaske.

Variante: Wenn die SpielerInnen Lust haben, könnte ein Thema
vereinbart werden, zu dem die Masken gestaltet werden.
Gemeinsam könnte ein kleines, szenisches Spiel dazu entwickelt
werden.

Beispiel: *Felsengeister und Moosriese; Das Geheimnis der Wurzel-
zerben; Im Nebelwald der grünen Farnkumpane; Das Märchen
vom verzauberten Schilf.*

Lichterwerk

Anzahl:
Ab 3 SpielerInnen

Material:
Vorhandene Natur-Materialien wie
Gras, Rinde, Stöcke, Zweige, Blätter,
Steine. Für die Variante vorhandene
und umherliegende Gegenstände wie
Radkappen, Fahrradreflektoren,
Glasflaschen, Dosen, Plastikfolien,
Papier usw.

Ort:
Überall

Aufgabe ist für jede/n, in der sie umgebenden Natur unter Verwendung von allen möglichen Naturmaterialien ein »Lichter-
Werk« zu gestalten. Damit ist ein Kunstwerk gemeint, daß sich
durch besondere Lichtgebung auszeichnet. Das zur Gestaltung
notwendige Licht sollte natürlich sein und nur eventuell künstlich
erzeugt werden. Gemeinsam bestaunen die KünstlerInnen gegenseitig ihre Schöpfungen.

Beispiel: *Durchlässe können gestaltet werden, durch die Licht
hindurchstrahlt und vielleicht einen bestimmten Naturgegenstand
besonders zur Geltung bringt. Oder es werden kleine Wasserpfütz-
chen so angelegt, daß sich das Licht darin spiegelt. Es sollen mit
matten, glänzenden, durchscheinenden oder dichten Materialien
eindrucksvolle Lichtstimmungen erzeugt werden, die sich bei
wechselndem Sonnenstand auch wieder verändern.*

Variante: In städtischer Umgebung kann das gleiche Spiel mit
umherliegenden Materialien verwirklicht werden, also mit Dosen
und Papier, Plastikfolien und Radkappen, Fahrradreflektoren
und anderen Gegenständen.

Jolly Jogger und Lilly Linde auf Spurensuche

»Sieh doch mal«, ruft Jolly ganz aufgeregt. »Hier ist ein Wildschwein entlanggelaufen.« Lilly lacht, weil sie denkt, Jolly hat die Spuren selbst verursacht. Dann staunt sie aber doch. »Tatsächlich, und wie deutlich sie zu sehen sind. Wenn wir der Spur folgen, gelangen wir sicher bis zu ihrem Unterschlupf.« »Lassen wir das Tier lieber in Ruhe. Aber andere Spuren könnten wir auch noch suchen. Weißt du was? Wir schauen uns mal richtig um und versuchen ganz viele, verschiedene Spuren zu entdecken. Mal sehen, was hier am Waldrand so alles los ist.« »Gut, einverstanden«, meint Lilly. »Was ich entdecke, schreib' ich mir gleich auf. Das find' ich interessant, wenn ich hier nochmal herkomme. Da kann ich gucken, ob die gleichen Spuren noch zu finden sind oder ob sich etwas verändert hat.« »Prima Idee. Später können wir ja selbst noch ein paar Spuren legen, wie so richtige Waldläufer.«

89

Natürliche Kunst

Anzahl:
Ab 3 SpielerInnen

Material: –

Ort:
Wald, Waldrand, Feld, Feldrand,
Wiese, aber auch überall

Die MitspielerInnen verteilen sich in einem vereinbarten Gebiet und suchen »Natürliche Kunst«. Alle versuchen, ihre Umgebung intensiv wahrzunehmen und in der Umgebung Abschnitte zu entdecken, die für sie ein Kunstwerk darstellen. Wer so etwas entdeckt hat, sucht sich Naturmaterialien, aus welchen sie bzw. er einen Rahmen oder eine Eingrenzung für ihr gefundenes Kunstwerk herstellt. Am Schluß findet die Ausstellung statt, bei der jede/r die entdeckte natürliche Kunst den anderen vorstellt.

Naturgewebe

Anzahl:
Ab 2 SpielerInnen

Material:
Verschiedenste Naturmaterialien wie Gras, Rinde, Steine, Stöcke, Blätter, Moos, notfalls Paketschnur

Ort:
Wald, Waldrand, Feld, Feldrand,
Wiese, aber auch überall

Die KünstlerInnen konstruieren jede/r für sich einen Webrahmen. Zwischen gespannte Rinden- oder geflochtene Grasschnur werden Naturgegenstände, Gras, Steine, Moos und ähnliches eingeflochten. Zwei Stöcke werden parallel mit etwas Abstand nebeneinander fest in den Boden gesteckt. Zwischen den beiden Seiten werden untereinander mehrere Rinden- oder geflochtene Grasschnüre (notfalls Paketschnur) gespannt, jeweils im Abstand von etwa zwei Zentimetern. Zwischen diese Schnüre werden Naturgegenstände eingeflochten und fest zur Seite gedrückt, damit sie auch gut halten. Gegebenenfalls müssen größere Gegenstände gesondert festgebunden werden. Am Schluß werden die Schnüre an den Seitenrändern fest verknotet. Das »Naturgewebe« ist fertig.

Kleine Landschaft

Anzahl:
Ab 2 SpielerInnen

Material:
Gesammelte Naturmaterialien wie Rinde, Zapfen, Steinchen, Samenkapseln usw., Alleskleber und eine flach abgeschnittene Pappschachtel (etwa 5 Zentimeter hoch) mit festem Boden

Ort:
Überall

Von einem ergiebigen Ausflug in die Umgebung werden Naturgegenstände wie Wurzeln, Rinde, Zapfen, Samenkapseln, Steinchen, Grashalme, Stöckchen, Äste, Blätter und ähnliches mitgebracht. In einer flach abgeschnittenen Pappschachtel werden diese Gegenstände zu einer phantastischen Landschaft kombiniert und plaziert. Hat alles seinen Platz, müssen die Teile noch trocknen, um dann für die Ewigkeit mit einem Alleskleber fixiert zu werden. Auf der Fensterbank oder einem kleinen Tischchen aufgestellt, wirkt die oft abenteuerliche Kulisse noch lange äußerst interessant.

Stammes-Bilder

Ein Baum mit einem rindenlosen Stamm weist oftmals Wurmgänge auf. Jede/r soll an einer markierten Stelle einen Durchreibe-Abdruck herstellen und sich eine Bedeutung für die nun entstandene »Stamm-Zeichnung« ausdenken. Gegenseitig stellen sich alle ihre »Stammes-Bilder« samt Bezeichnung vor.

Variante: Es können auch Kleingruppen gemeinsam eine Bedeutung für die Stammes-Bilder definieren. Alle Bilder werden dann gemischt und ausgelegt. Die verschiedenen Bezeichnungen für die Durchreibe-Zeichnungen werden vorgetragen, und die andere Gruppe muß sich beraten, welche Bezeichnung zu welchem Bild paßt.

Anzahl:
Ab 4 SpielerInnen

Material:
Papier und Wachsmalkreiden für jede/n

Ort:
Bäume mit markanten Wurmgängen auf ihren rindenlosen Stämmen.

Spurenlegen

Eine/r wird SpurenlegerIn. Sie oder er bekommen etwa eine Viertelstunde Zeit, um in einem vereinbarten und eingegrenzten Gebiet Spuren unterschiedlichster Art zu legen. Das können Fußspuren sein, nachgebildet Tierspuren oder auch abgeknickte Äste am Wegesrand, niedergedrücktes Gras, fallengelassene Steinchen oder verspritztes Wasser einer Pfütze. Wer die Spuren legt, merkt oder notiert sich die jeweilige Spurenart und den Ort für spätere Kontrollen.

Nach fünfzehn Minuten kommt die Spurenlegerin oder der Spurenleger wieder zurück, und die anderen versuchen, möglichst alle Spuren zu entdecken. Sie notieren sich ihre Entdeckungen. Sind wieder alle zurück, werden die Beobachtungen vorgetragen und überprüft. Sind alle Spuren entdeckt worden? Welche nicht und weshalb nicht?

Anzahl:
Ab 2 SpielerInnen

Material:
Notizpapier und Stifte

Ort:
Überall

Anzahl:
Ab 2 SpielerInnen

Material: –

Ort:
Überall

Tier- und Menschenspuren

Die MitspielerInnen sollen in einem vorher vereinbarten Gebiet Spuren suchen und bestimmen. Das können Spuren auf dem Boden, aber auch an anderen Stellen in der Natur sein. Selbstverständlich zählen auch solche Spuren, die erst mit einiger Erfahrung entdeckt werden, wie beispielsweise Fraßspuren an Baumstämmen, -rinden und Früchten. Auch anhand von Kotspuren läßt sich feststellen, wo sich ein Feldhase oder Damwild aufhält.

Wer zuerst drei verschiedene Spuren entdeckt hat, ruft die anderen zu sich, zeigt die Spuren und erklärt nach Möglichkeit, woher die Spuren stammen.

Variante: Interessant ist es auch, Abdrücke von Trittspuren zu machen. Hierzu wird Gips angerührt. Die Spur wird vorsichtig von Blättern, Ästchen, Steinchen und Staub befreit. Über die entdeckte Spur wird dann ein Pappring gestülpt, der als Begrenzung dient. In diesen Pappring wird langsam der dünnflüssige Gips gegossen, etwa drei Zentimeter stark.

Nach einer halben Stunde hebt man den Abdruck mit dem Schäufelchen ganz vorsichtig ab. Dabei wird etwas von der Erde unterhalb der Spur mit abgehoben, um den Abdruck komplett und unbeschädigt mitnehmen zu können. Erst nach einigen Stunden kann die Erde und der kleben gebliebene Schmutz unter fließendem Wasser abgespült werden. Der Gipsabdruck entspricht nun dem Original-Fuß des entsprechenden Tieres oder Menschen. Wer will, notiert sich, von wem der Abdruck stammt und wann er wo entdeckt wurde.

Natur-Notizen

In einem vereinbarten Abschnitt im Wald, dem Stadtpark oder am Wegesrand sucht sich jede/r MitspielerIn einen kleinen Teilbereich aus. In ein Heft notieren sich alle genau, wer welchen Teilbereich ausgesucht hat. Ihren Naturabschnitt sollen die SpielerInnen über einen längeren Zeitabschnitt, beispielsweise einen Monat, ein halbes Jahr oder noch besser ein volles Jahr, beobachten und sich dabei jedesmal detaillierte Notizen machen. Auch Veränderungen in den Abschnitten der anderen können stichpunktartig aufgeschrieben werden. Vorrangig ist allerdings die Beobachtung des eigenen Gebietes. Gemeinsam tauschen sich immer wieder alle aus, was sich verändert hat und welche Besonderheiten aufgetreten sind. Dabei vergleichen die MitspielerInnen auch ihre Beobachtungen und stellen die unterschiedlichen Entdeckungen fest. Fotos, Einklebungen und Zeichnungen vervollständigen die »Natur-Notizen«.

Variante: Es kann sich auch jede/r SpielerIn einen bestimmten Baum oder Strauch auswählen und an diesem die Beobachtung durchführen. Dazu gehört natürlich auch, den Beobachtungsgegenstand zu vermessen (wie hoch, wie breit, in welcher Höhe kommen die ersten Äste). Auch ist es interessant, hin und wieder ein Blatt ins Heft einzukleben, die Veränderung der Blattgrößen im Lauf der Zeit festzuhalten, die Silhouette des Baumes oder Strauches zu unterschiedlichen Jahreszeiten aufzuzeichnen oder die verschiedenen Tierarten aufzuschreiben, die sich an dem Objekt, um das Objekt herum und in dem Objekt aufhalten oder davon leben.

Hinweis: Dieses Spiel macht am meisten Spaß, wenn sich mehrere konsequent daran beteiligen. Geeignet ist es am besten für eine Kindergruppe, aber auch für die Familie.

Anzahl:
Ab 2 SpielerInnen

Material:
Heft und Stift für jede/n

Ort:
Überall

Selbsterfundene Zeichen

Anzahl:
Ab 2 SpielerInnen

Material:
Stöcke, Steine, Gräser

Ort:
Überall

Wer sich viel draußen bewegt und vor allem mit kleinen und größeren Grüppchen und Gruppen in der Natur spielt, kommt bisweilen nicht umhin, sich durch Zeichen zu verständigen. Jede Spielgruppe kann selbst Zeichen und Symbole vereinbaren. Wichtig ist, daß genaue Absprachen getroffen werden. Am besten notiert sich jede/r die Bedeutung der vereinbarten Zeichen auf einem Notizblatt, das sie bzw. er immer bei sich trägt, solange die Aktion stattfindet.

Beispiele:

➤ *Zwei parallel liegende Stöcke, Stein- oder Grasbüschelreihen mit Pfeil: »In dieser Richtung weiter, dann aber über die Brücke, auch wenn die Richtung sich dadurch ändert«*
➤ *Haussymbol aus Stöcken, Steinen oder Gras: »In der Nähe gibt es eine menschliche Ansiedlung; sei umsichtig und laß dich nicht sehen«*
➤ *Dreieck mit aufgesetztem Halbkreis aus Stöckchen, Steinen oder Gras: »Eisstand in der Nähe – nicht schwach werden« oder »Eisstand in der Nähe Geld bereithalten«*

Hinweis: Die altbekannten, allgemeingültigen Waldläufersymbole sollten nicht mit einer anderen Bedeutung versehen oder geändert werden, um keine Verwirrung zu stiften oder »Fehlalarm« auszulösen.

Überall Bilder

Anzahl:
Ab 3 SpielerInnen

Material:
Papier und Stifte für jede/n

Ort:
Wald, Waldrand, Feldrand und überall

Die SpielerInnen streifen durch die Gegend und suchen überall Bilder. Sie finden sie in der Struktur einer Rinde, eines Baumschnittes, einer abgebröckelten Wand, einem ausgetretenen Weg, zusammengeschobenen Blättern – einfach überall. Wer genau hinsieht, entdeckt vielleicht ein Gesicht, eine Gestalt, ein Monument, einen Weg, eine Landschaft in den rauhen, glatten, gescheckten und schattierten Untergründen und Oberflächen. Wer so ein Bild entdeckt, versucht es möglichst genau abzumalen. Die anderen MitspielerInnen sehen sich die Ergebnisse gemeinsam an und könnten hinterher sogar ein kleines Suchspiel veranstalten, wo welche Bilder versteckt sind.

Jolly Jogger und Lilly Linde spielen bei jedem Wetter

»Brr«, schüttelt sich Lilly. »Ist ja furchtbar dieses Wetter. Naß, kalt, grau«. »Aber trotzdem Spielwetter«, weiß Jolly. Er hat schon oft bei diesem Wetter draußen gespielt und ihm fallen auch immer wieder neue Sachen ein. »Gut, daß ich so warme, dichte Klamotten habe, denn damit kann ich wirklich bei jedem Wetter rausgehen«. Lilly erzählt Jolly von ihrer Mutter. »Die hat früher in einem alten Haus gewohnt, da mußten sie dicke Lappen auf den Fenstersims legen, damit die Kälte nicht so ins Zimmer kriecht. Und wenn ich sie im Winter besucht habe, dann waren meistens die Fenster zugefroren. Das waren aber wunderschöne Eisblumen, die ich ganz langsam mit meinem Atem weghauchte«. Jolly fallen auch gleich ein paar Erlebnisse ein. »Ich war mal bei meinem Opa, als es stark regnete. Wir lagen schon alle im Bett, konnten aber nicht schlafen, denn irgendjemand trommelte ständig auf irgendwelchen Kanistern herum. Opa wurde das bald zu dumm. Er sprang auf und wollte sich bei den Nachbarn beschweren, als er merkte, daß das Trommeln von oben kam«. »Und dann«, will Lilly wissen, »was hat er dann gemacht«? »Er kletterte den Dachboden hoch und entdeckte den Trommler«. »Ja, also, wer war's?« »Niemand. Im Dach war ein Loch, und der Regen prasselte genau auf die große Blechdose, die Oma für die Weihnachtsplätzchen aufgehoben hatte. Wir haben ganz schön gelacht«. Lilly lacht auch. Dann ziehen sich die beiden an und gehen raus zum Spielen – schließlich ist gerade so schön schlechtes Wetter.

Pfützen-Weitsprung

Anzahl:
Ab 6 SpielerInnen

Material:
Regenpfützen, wetterfeste, vor allem unempfindliche Kleidung, Gummi-stiefel

Ort:
Überall wo Pfützen sind

Vor einer nahezu unüberwindbaren, großen Wasserpfütze wird ein Absprungpunkt markiert. Die SpielerInnen bilden zwei Gruppen. Eine Gruppe beginnt. Die erste Person springt von der Absprungmarkierung aus in die Pfütze. Dort wo sie landet, darf die nächste Person losspringen (mit oder ohne Anlauf), und an deren Landepunkt ist der Absprungort des nächsten Gruppenmitglieds. Die bzw. der letzte der ersten Gruppe bleibt am Landepunkt stehen. Nun springt das erste Mitglied der zweiten Gruppe am Startpunkt los. Gewonnen hat die Gruppe, die am weitesten kam.

Hinweis: Es gibt eine mordsmäßige Platscherei und auch nasse und schmutzige Kleidung, aber es macht viel Spaß, wenn die SpielerInnen wissen, daß sie »dürfen«.

Wasser fangen

Anzahl:
Ab 4 SpielerInnen

Material:
Starker Regen, zwei gleich große Schüsseln oder Gurkengläser

Ort:
Überall

Wenn es sehr stark regnet, bilden sich zwei Gruppen. Jede erhält ein Gurkenglas oder eine Schüssel. Aufgabe ist es, nach dem Startsignal innerhalb von fünf Minuten das meiste Wasser in ihr Gefäß zu bekommen. Dabei dürfen nur die Hände als Hilfsmittel verwendet werden.

Gerade noch trocken geblieben

Es muß richtig stark regnen, um dieses Spiel machen zu können. Ein bestimmter Zielpunkt wird vereinbart (Waldlichtung, Baumstumpf, Ruhebank, Bahnhof, Bücherei, Kaufhaus). Alle MitspielerInnen starten am gleichen Ort und sollen möglichst trocken am Zielort ankommen. Ein Regenschirm ist natürlich nicht erlaubt, aber das Springen von einem überdachten Hauseingang zum nächsten oder das Entlangbalancieren auf schmalen, vorstehenden Haussimsen. Das natürliche Blätterdach darf ebenso ausgenutzt werden wie eine Brücke, unter der hindurchgelaufen werden kann. Wer ist im Ziel am trockensten?

Anzahl:
Ab 3 SpielerInnen

Material:
Regenwetter

Ort:
Überall

Pfützen trocknen

Zwei gleich große Pfützen werden benötigt. Es bilden sich zwei Gruppen, die im Wettstreit je eine Pfütze trocken legen sollen. Dazu dürfen ausschließlich die Hände benutzt werden. Auf ein Startzeichen hin schöpfen alle das Wasser aus der Pfütze oder wischen es mit den Handflächen heraus. Die Gruppe, die zuerst ihre Wasserfläche »trocken gelegt« hat, gewinnt.

Anzahl:
Ab 4 SpielerInnen

Material:
Regenpfützen

Ort:
Überall

Lichter aus

Anzahl:
Ab 3 SpielerInnen

Material:
Warme Kleidung und viel gut haftender Schnee, Teelichte

Ort:
Überall

Aus pappigem Schnee bauen die SpielerInnen eine kleine Stadtmauer mit Erkern und Türmchen, Bogen und Brücken auf. An verschiedenen Stellen gibt es auch Durchlässe oder Zinnen. Wenn alles fertig ist, wird das Bauwerk mit Wasser besprüht, um es über Nacht gefrieren zu lassen. Dann werden kleine Teelichte oder Kerzen in Fenster und Öffnungen gestellt. Wenn die Dämmerung hereinbricht, werden sie angezündet. Jetzt versuchen die SpielerInnen, mit winzigen Schneebällchen aus einiger Entfernung die Lichter auszuwerfen.

Hinweis: Mit offenem Feuer vorsichtig umgehen. Moderne Winterkleidung ist oft aus leicht schmelzenden Kunstfasern gefertigt.

Waldschrat und Wurzelgeister

Anzahl:
Ab 2 SpielerInnen

Material:
Interessant geformte Naturgegenstände wie Wurzeln, Steine, Rinden u. ä.

Ort:
Überall

Bei einem Waldspaziergang halten alle Ausschau nach interessant oder merkwürdig geformten Wurzelstücken, Rindenbruchteilen oder auch Steinformationen. Sofern sie lose herumliegen, werden sie mit nach Hause genommen. Dort werden sie vor eine weiße Wand gestellt, und wenn es dunkel ist, mit einer Lampe angestrahlt. So entsteht schon mal ein interessantes Schattenspiel. Wer Lust hat, kann sich mit diesen »Figuren« schon ein kleines Stück ausdenken und »Die Wunderwurzel vom Silberbach« oder »Das Vermächtnis vom Birkengeist« erzählen.

Variante: Die Schattenabbildung zeigt auch, welche Figur so eine Wurzel, Rinde oder der Stein hat. Da kommen schnell Ideen, wie aus dem alten Stück Holz ein lustiger Waldschrat oder ein gruseliger Wurzelgeist werden könnte. Das Stück aus dem Wald wird gereinigt und dann entweder mit einem Messer noch etwas bearbeitet und beschnitzt oder aber mit anderen Naturgegenständen bestückt, um ihm den Ausdruck zu verleihen, den es haben soll. Leere Schneckenhäuschen werden zu Augen, ein Büschel trockenes Gras der Haarschopf und zwei silbern glänzende Quarzsteinchen verwandeln sich in den lieblichen Mund einer Moosfee.

Minotaurus friert

Im weltberühmten Labyrinth von Knossos (auf der Insel Kreta) hauste einst ein fürchterliches Ungetüm, der Minotaurus. Im Schneelabyrinth hätte es das Vieh bestimmt nicht lange ausgehalten, weil es ihm zu kalt geworden wäre. Aufgabe für alle ist, ein Labyrinth aus Schnee zu konstruieren. Am Schluß bewundern alle das Ergebnis und überlegen, welches der direkteste Weg in die Freiheit ist.

Variante: Es können auch Labyrinthe in den Schnee getreten, mit den Schuhen oder einem Stock eingeritzt werden.

Hinweis: Wer sich in einem Labyrinth verlaufen hat, braucht nur mit der rechten Hand immer an der rechten Wand entlang fahren und wird dadurch – nach einigen Umwegen – irgendwann zum Ausgang gelangen.

Anzahl:
Ab 3 SpielerInnen

Material:
Warme Kleidung und viel gut haftender Schnee

Ort:
Überall

Skulpturen-Park

Richtig gut haftender Schnee und einige Phantasie benötigen die KünstlerInnen für diese Aktion. Es soll ein Skulpturen-Park der Neuzeit entstehen. Jede/r überlegt für sich insgeheim, welche Skulptur sie bzw. er bauen möchte. Dann kratzt jede/r Material zusammen und gestaltet die erdachte Skulptur. Wasser kann zur Glättung von bestimmten Flächen benutzt werden. Auch Eiszapfen werden geschickt mit eingebaut. Am Ende gibt es eine Vernissage mit warmem Tee, und die KünstlerInnen erläutern sich gegenseitig ihre Werke.

Variante: Aus gut haftendem Schnee können alle möglichen Objekte gestaltet werden, die mit Hilfe von Naturmaterialien, wie Äste, Rinde, Zweige, Steine usw., ausgestaltet werden können. Mit farbigem Transparentpapier oder Folien, Kerzen, Fackeln und Taschenlampen können faszinierende Wirkungen erzeugt werden.

Anzahl:
Ab 3 SpielerInnen

Material:
Warme Kleidung und viel gut haftender Schnee, für die Variante ggf. Naturmaterialien wie Äste, Rinde, Zweige, Steine, aber auch farbige Transparentpapiere oder -folien, Kerzen, Fackeln, Taschenlampen

Ort:
Überall

 # Gefrorenes

Anzahl:
Ab 3 SpielerInnen

Material:
Einweghandschuhe, alte Strümpfe, ggf. Wasserfarben, verschiedene Gegenstände: Flaschenöffner, Gabel, Spielzeugauto, Blätter, Nüsse, alter Pinsel, Schrauben, Muttern.

Ort:
Überall, wenn es mindestens 10 Grad unter Null ist.

Wenn es richtig eisig kalt ist, können die tollsten Dinge eingefroren werden. In den Deckel eines Kartons oder auch eines Plastikeimers wird langsam und vorsichtig Wasser eingegossen. Dann können verschiedenste Gegenstände hineingelegt werden und über Nacht frieren diese fest. Der Karton um den Eisblock wird abgerissen und weggefummelt, das Eis im Plastikdeckel wird hin- und hergebogen, bis ein richtiges Eiskunstwerk zu sehen ist.

Variante: Lustig ist auch, Einweghandschuhe oder alte Strümpfe mit Wasser (auch farbigem) zu füllen, gefrieren zu lassen und am nächsten Tag die gefrorenen Eishände und -füße ohne Handschuhe und Strümpfe in den Schnee zu stecken.

Schnee-Pastelle

Etwas Vorbereitung ist für diese künstlerische Aktion erforderlich. Benötigt werden mehrere Blumen-Sprühpumpen, die mit verschiedenen Lebensmittelfarben gefüllt werden. Jede/r versucht dann, ein zartes Landschaftsbild auf den Schnee zu sprühen. Eine Begrenzung, mit Stöcken oder auch mit der Hand in das weiße Pulver gekratzt, sorgt für eine bessere Wirkung des »Gemäldes«.

Variante: Vielleicht ist es auch reizvoll, bestimmte Abschnitte oder Flächen einzufärben und somit aus der Umgebung herauszuheben.

Anzahl:
Ab 3 SpielerInnen

Material:
Warme Kleidung und viel gut haftender Schnee, Lebensmittel-Farben, Blumen-Sprühpumpen, Pinsel

Ort:
Überall

Hosenträger für die Schneemenschen

Alle MitspielerInnen bauen einige lustige Schneefiguren, Männer, Frauen und Kinder. Mit Lebensmittelfarben werden diese Figuren dann »angekleidet«, also bemalt. Das können ein kariertes Hemd sein oder eine tolle Stola, die Krawatte oder Hosenträger für den Herrn oder auch die Latzhose für die Kinder.

Variante: Um größere Flächen einzufärben, ist eine einfache Blumen-Sprühpumpe gut geeignet, die mit der Farbe gefüllt wird.

Anzahl:
Ab 3 SpielerInnen

Material:
Warme Kleidung und viel gut haftender Schnee, Lebensmittelfarben, Blumen-Sprühpumpen, Pinsel

Ort:
Überall

Bilderwerfen

Anzahl:
Ab 3 SpielerInnen

Material:
Warme Kleidung und viel gut haftender Schnee

Ort:
Dunkle Haus- oder Scheunenwand ohne Fenster

Jede/r bereitet sich etwa dreißig Schneebälle aus gut haftendem Schnee vor. Dann nennt die Spielleitung einen Gegenstand, dessen Umrisse mit den Schneebällen an die Wand geworfen werden soll. Der Reihe nach versucht jede/r, die Aufgabe zu erfüllen. Schafft es jemand, erkennbar den geforderten Gegenstand zu werfen?

Beispiel: *Wasserkessel, Reifen, Hut, Blatt, Baum.*

Spurensuche

Anzahl:
Ab 3 SpielerInnen

Material:
Warme Kleidung und viel Schnee, für die Variante eventuell Großspuren aus alten, in Fußform ausgesägten Holzbrettern mit Griff

Ort:
Überall

Im Schnee sind Spuren gut erkennbar. Die SpielerInnen suchen gemeinsam Tierspuren und beraten sich, von wem sie stammen. Eine/r wird zum Schneemenschen »Yeti«, bekommt etwas Vorsprung und legt eine Spur, eventuell mit Großspuren aus in Fußform ausgesägten Brettern mit Griff. Dabei dürfen auch Fehlspuren gelegt werden (abbiegen und rückwärts in der Spur zurück). Nach fünfzehn Minuten folgen die anderen SpielerInnen und versuchen, Yeti zu erwischen.

Hinweis: Hier sind ein paar heimische Spuren von: Maus, Feldhase, Wiesel, Reh, Hirsch, Fasan, Eichhörnchen, Hund, Mensch, Schneemensch Yeti, »Wolpertinger«.

Bobbahn

Anzahl:
Ab 3 SpielerInnen

Material:
Warme Kleidung und viel Schnee; Blumen-Sprühpumpe

Ort:
Überall

Aus gut haftendem Schnee konstruieren alle gemeinsam eine lange und mit vielen Kurven, kleinen Steigungen und langen Neigungen versehene Kullerbahn. Am Schluß wird die Bahn mit Wasser besprüht und über Nacht auf diese Art und Weise gefestigt und rutschiger gemacht. Mit Schussern oder auch kleinen Mini-Bobs werden aufregende Rennen ausgetragen.

Jolly Jogger und Lilly Linde sind nachts grau

»Huch, jetzt ist ja alles auf einmal so dunkel. Da sehe ich ja gar nichts mehr«, flüstert Jolly Linde zu. »Ja, und alles wirkt auf einmal zu unheimlich«. »Das ist nur, weil man überhaupt nicht mehr erkennen kann, was um einen herum los ist. Da sieht ein Baumstumpf auf einmal aus wie ein wildes Tier, oder das Rufen des Käuzchens läßt mich richtig erschaudern. Wahrscheinlich habe ich zu viele merkwürdige Geschichten gehört, denn eigentlich ist es ja immer noch der gleiche Ort wie vorhin bei Tageslicht«. Lilly meint dazu: »Nur sind jetzt andere Tiere wach und machen sich bemerkbar, und auch sonst sind andere Geräusche zu hören. Irgendwie find' ich das auch spannend. Weißt du was? Wir bleiben noch hier und tauchen ein bißchen in das Dunkel ein«. »Machen wir«, antwortet Jolly mutig.

Luchsjagd

Anzahl:
Ab 6 SpielerInnen

Material:
drei kleine Taschenlampen

Ort:
Wald oder Waldrand

Ein Wald- oder Feld- und Wiesengebiet wird abgesteckt und allen MitspielerInnen die Begrenzungen erläutert. Die MitspielerInnen wählen aus ihrer Mitte zwei aus. Diese sind die Luchse. Sie bekommen kleine Taschenlampen und etwa zehn Minuten Zeit, sich im begrenzten Gebiet zu verstecken. Nach zehn Minuten lassen die zwei Luchse ihre Taschenlampe von ihrem Versteck aus in Richtung Start der Luchsjäger kurz aufleuchten. Dann dürfen sie ihren Standort wechseln. Ab jetzt geben die Luchse etwa alle drei Minuten ein kurzes Lichtzeichen, dürfen dann aber ihr Versteck wieder verlassen und an anderer Stelle unterschlüpfen.
Die Gruppe versucht, die beiden Luchse innerhalb der vereinbarten Zeit (bspw. 45 Minuten) zu entdecken. Sobald eine/r einen Luchs entdeckt und sich ihm in Berühr-Entfernung nähert, ist der Luchs gefangen und muß die Lampe abgeben. Wurden beide Luchse gefangen, endet das Spiel, die JägerInnen waren erfolgreich. Wurde ein Luchs nicht entdeckt, so hat dieser gewonnen.

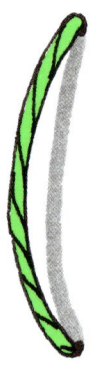

Hinweis: Die Luchse müssen sich auf jeden Fall daran halten, alle drei Minuten das Signal zu geben. Ebenso müssen das Ende des Spieles und die Spielfeld-Begrenzungen für alle MitspielerInnen eindeutig sein. Jüngere Kinder brauchen auf jeden Fall Begleitung durch Eltern oder erfahrenere Jugendliche. Sollten sie etwas Angst bekommen, ist das in Ordnung und normal. Es wäre falsch, ihnen die Angst auszureden. Notwendig ist es eher, deutlich zu machen, daß manches einfach unheimlicher wirkt, weil nicht sofort erkannt werden kann, was sich bewegt oder was einen Laut von sich gibt.

Du stehst daneben

Anzahl:
Ab 4 SpielerInnen

Material:
Ein ziemlich dunkler Gegenstand
(dicker Stock, Hut, Ziegelstein)

Ort:
Überall

In der Dunkelheit ist das Auge viel träger und somit auch nicht so leistungsfähig wie bei Tageslicht. Viele Dinge werden leicht übersehen, weil sie mit dem Hintergrund »verschwimmen«. Eine/r wird StartspielerIn und versteckt innerhalb des vereinbarten Gebietes einen dunklen Gegenstand. Ist diese/r SpielerIn wieder bei den anderen angelangt, dürfen sie los und den Gegenstand suchen. Wer ihn zuerst findet, darf ihn als nächstes verstecken.

Hinweis: Das Gelände sollte frei sein von gefährlichen Vertiefungen, gespannten Drähten oder ähnlichen Gefährdungen.

Wunder im Licht

Einige SpielerInnen bekommen eine Taschenlampe. Sie verschwinden im vereinbarten Spielgebiet und suchen das Gelände für sich allein nach interessanten Gegebenheiten ab, deren Lage bzw. Standort sie sich merken. Die anderen SpielerInnen warten am Ausgangspunkt und sollen die Fundorte und vor allem die Fundstücke nicht erkennen können.

Nach etwa zehn Minuten kehren sie zurück und nehmen jeweils einige der anderen Spieler/ -innen mit. Im Dunkeln werden diese zu den vorher entdeckten Orten geführt. Vor einem ausgewählten Gegenstand bleiben alle stehen und sollen sich nun gut konzentrieren. Ganz kurz wird nun die Taschenlampe möglichst exakt auf das ausgewählte »Wunder« gerichtet, so daß es die anderen erkennen können. Die Lampe wird ausgeschaltet und die »Führung« schreitet zum nächsten »Wunder«. Sind alle Besonderheiten gezeigt worden, dürfen andere mit der Lampe los und »Wunder« entdecken.

Anzahl:
Ab 4 SpielerInnen

Material:
Mehrere Taschenlampen

Ort:
Überall

Beispiele: *Der Eingang zu einer Fuchshöhle, eine zarte Waldmeister-Pflanze, Tierhaare an einer Baumrinde, der Schaum des Wiesenschaumkrautes, eine Münze auf dem Asphalt, ein reflektierender Aufkleber an einer Regenrinne, ein den Asphalt durchbrechendes Pflänzchen, eine dicke Spinne in ihrem Netz.*

Leuchtturm

Anzahl:
Ab 6 SpielerInnen

Material:
Starke Taschenlampe

Ort:
Wald mit wenig Unterholz

Im Wald wird ein größeres Spielgebiet vereinbart. Es sollte wenig Unterholz wachsen, und die Bäume sollten nicht zu dicht stehen. Ein Kreis wird in den Boden geritzt und deutlich mit hellen Blättern oder ähnlichem in acht gleich große Segmente wie eine Torte unterteilt. Dann wird jeder Abschnitt noch mit einer Zahl versehen. Die MitspielerInnen sind LeuchtturmwärterInnen und wollen ihren diensthabenden Kollegen bzw. ihre Kollegin überraschen und auf die Schulter klopfen.

Eine/r von ihnen wird ausgewählt und hat als erste/r Dienst. Sie bzw. er stellt sich in den ersten Abschnitt des Kreises und schaltet die Taschenlampe an. Sie muß etwas in Hüfthöhe gehalten werden, so daß der Lichtschein ausgehend vom Mittelpunkt des Kreises durch die Mitte des betreffenden Segmentes in eine Richtung weist (wie der Lichtstrahl eines Leuchtturmes eben). Die anderen MitspielerInnen verteilen sich in dem Waldstück so, daß sie die bzw. den Diensthabende/n noch hören können, wenn sie oder er etwas ruft, und verstecken sich hinter Büschen und Bäumen. Die bzw. der LeuchtturmwärterIn schaltet die Lampe aus und ruft laut, auf welches Feld er sich nun drehen wird.

Beispiel: *Der Leuchtturm strahlt gerade nach »2« und wechselt beim nächsten Mal nach »5«!*

Die anderen überlegen, in welche Richtung das Licht als nächstes fallen wird und verändern ihre Position. Wenn das Licht dann wieder angeschaltet wird, sollte niemand vom Lichtschein getroffen werden. Der Lichtstrahl muß wieder – ausgehend vom Mittelpunkt des Kreises – gerade in eine Richtung zeigen. Wer vom Licht gestreift oder gar ganz angestrahlt wird, darf erst wieder den augenblicklichen Ort verlassen, wenn ihn ein/e andere/r im Schutz der Dunkelheit berührt.

Das Spiel ist zu Ende, wenn der/dem diensthabenden Leuchtturmwärterin/-wärter jemand auf die Schultern klopfen kann. Wer das schafft, hat die nächste Runde Dienst.

Hinweis: Ehrliches und exaktes Einhalten der Regeln sind Vorraussetzung für dieses spannende Spiel mit Licht und Schatten.

Schwarzes Loch

Auf einer Spielfläche wird ein Ziel aus drei Kreisen auf den Boden gemalt oder eingekratzt. In etwa fünf Meter Entfernung stellen sich die SpielerInnen hinter einer Markierung auf. Die Zielkreise müssen sich im Dunkeln befinden. Der Reihe nach wirft jede/r die verschiedensten Gegenstände, wie Steine, Blätter, ein Seilstück, Rindenstückchen, Vogelfedern, ein kleiner Stock, eine alte Büchse, eine leere Kekspackung oder eine Tüte in Richtung Ziel. Dann wird mit der Taschenlampe überprüft, was alles in den Innenkreis, in den mittleren Kreis, in den Außenkreis oder in gar keinen der drei Kreise gelandet ist. Am Schluß kann ermittelt werden, wer beste/r WerferIn wurde.

Anzahl:
Ab 4 SpielerInnen

Material:
Taschenlampe; verschiedene Gegenstände wie Steine, Blätter, ein Seilstück, Rindenstückchen, Vogelfedern, Stock, eine alte Büchse, eine leere Kekspackung, eine Tüte.

Ort:
Überall

Leuchtgeist

Anzahl:
Ab 5 SpielerInnen

Material:
Für jede/n MitspielerIn eine
Taschenlampe

Ort:
Wald, Waldrand, Park, verwinkelter
Hinterhof mit guten Versteckmög-
lichkeiten

Eine Spielfläche wird vereinbart. Alle MitspielerInnen haben eine kleine Taschenlampe und verstecken sich im abgegrenzten Gebiet. Eine/r wird GeisterjägerIn und sucht die Leuchtgeister. Die blinken etwa alle dreißig Sekunden mit ihrer Lampe aus ihrem Versteck und müssen entdeckt werden. Sobald die Geisterjägerin bzw. der Geisterjäger einen Leuchtgeist entdeckt, müssen drei Fragen gestellt werden, aufgrund derer herausgefunden werden soll, wer der ertappte Leuchtgeist ist. Die Fragen müssen so gestellt werden, daß sie nur mit »Ja« oder »Nein« zu beantworten sind. Selbstverständlich darf nicht direkt nach dem Namen gefragt werden. Die Anworten werden mit der Taschenlampe gegeben. Einmal blinken bedeutet »Ja«, zweimal hintereinander blinken bedeutet »Nein«.

Beispiele: *Spielst du das erste Mal ein Nachtspiel? Bist du eine/r der schnellsten LäuferInnen in der Klasse? Hast du ein gelbes Fahrrad mit breiten Reifen?*

Sind die Fragen beantwortet, nennt die Geisterjägerin bzw. der Geisterjäger den Namen der befragten Person. Ist es der richtige Name, muß der Leuchtgeist entlarvt zum Start gehen und dort warten, andernfalls bleibt er sitzen und darf erst zu einem späteren Zeitpunkt – wenn mindestens zwei andere Geister dazwischen befragt wurden – wieder angesprochen werden. Sind alle Geister entlarvt, wird der zuletzt entlarvte Leuchtgeist neue/r GeisterjägerIn.

Licht-Quartett

Anzahl: Ab 8 SpielerInnen

Material:
Eine Kerze oder Taschenlampe für
jede/n, vier verschiedene Symbole
aus Naturmaterialien, so daß jede/r
SpielerIn eines erhalten kann und
vier gleich starke Gruppen entstehen
können (Tannenzapfen, Rindenstücke, Blätter, Steine)

Ort:
Waldrand, Wiese, aber auch überall

Ein großes Spielgebiet wird vereinbart. Jede/r bekommt von der Spielleitung einen kleinen Gegenstand. Niemand darf verraten, welchen Gegenstand sie bzw. er erhalten hat. Dann verteilen sich alle weitläufig auf der Spielfläche. Ein Signal eröffnet das Spiel. Während des Spieles darf nicht gesprochen, gerufen oder gepfiffen werden. Aufgabe ist es für die SpielerInnen, sich anhand ihrer Symbole zusammenzufinden. Dabei darf die Kerze (Taschenlampe) vor das Symbol gehalten werden, um es anzuleuchten und kenntlich zu machen. Gewonnen hat die Symbol-Gruppe, die zuerst komplett an einem Ort zusammengefunden hat.

Genau im Licht

In die Mitte einer vereinbarten, großen Spielfläche wird ein Kreis aufgemalt oder irgendwie markiert. Eine/r bekommt die Taschenlampe und stellt sich in einiger Entfernung zu den restlichen SpielerInnen auf. Jeder von ihnen hat vor sich einen dicken Holzklotz und einen dünnen Stock. Aufgabe ist es, den eigenen Klotz in den Kreis zu schieben, ohne dabei erwischt zu werden. Jede/r darf hierzu den langen, dünnen Stock verwenden.

Wer die Taschenlampe hat, stellt den Lichtkegel möglichst eng ein und schaltet wieder aus. Nach dem Startsignal schieben alle vorsichtig ihre Klötze in Richtung Ziel. Die oder der mit der Taschenlampe versucht, jemand direkt beim Berühren des Holzklotzes mit dem Stock zu ertappen und gezielt anzuleuchten. Dabei soll der Lichtstrahl die Berührung zeigen. Wurde jemand erwischt, wechselt diese/r zur Taschenlampe, andernfalls wird das Licht wieder abgeschaltet, und alle machen sich wieder an ihre Aufgabe.

Anzahl:
Ab 5 SpielerInnen

Material:
Einen Holzklotz und einen dünnen Stock für jede/n, eine Taschenlampe

Ort:
Waldrand, Wiese, aber auch überall

Schatten der Nacht

Material:
Leintuch, etwas Paketschnur, Teelichter, mehrere Taschenlampen, Wunderkerzen, vorbereitete Aufgaben-Zettel, Stifte, Markierungs-Material wie Stoff- oder Papierstreifen (Toiletten-Papier), Fahrradreflektoren, Steine, Holzpflöcke, Kreide.

Ort:
Wald, Waldrand, aber auch überall

Einige Vorbereitungen sind für dieses längere Nachtspiel notwendig. Die Spielleitung und ein kleines Vorbereitungsteam kennzeichnet eine interessante Strecke durch den Wald, Stadtpark oder Stadtteil. Dabei sind verschiedene Markierungen reizvoll: weiße, von Bäumen oder Zäunen herabhängende Stoff- oder Papierbänder, unterschiedlichste Pfeile aus Steinen, Holzpflöcken, Fahrradreflektoren. Auch Geräusche oder bestimmte Laute könnten die SpielerInnen leiten (»Folgt dem ›Rascheln‹, dem ›Klingeln‹, dem ›Käuzchen-Ruf‹ «).

Unterwegs gibt es mehrere besonders markierte Plätze. Dort sind vorbereitete Aufgaben zu erfüllen. Dabei könnten HelferInnen der Gruppe vorgeben, was zu tun ist bzw. die Aufgaben stellen. Es ist aber auch möglich, daß sich alle Aufgabenstellungen auf einem »Laufzettel« befinden, die der Gruppe am Start mitgegeben wurden. Zahlreiche in diesem Kapitel beschriebene Spiele können hier gut eingebaut werden.

Ein letzter Wegabschnitt ist mit Teelichtern in Marmeladengläsern (Vorsicht) oder eingeschalteten Taschenlampen markiert. An einem Zielpunkt ist eine große Schattenwand aufgebaut. Sobald die Gruppen dort eintreffen, findet ein abschließendes Schattenspiel statt. Hierzu ist ein großes, weißes Tuch zwischen zwei Bäume gespannt. Mit Taschenlampen wird es von der Rückseite her angestrahlt, und das Vorbereitungsteam spielt ein selbsterfundenes Stück über Waldgeister und Moorgestalten. Mit dem »Lichtkreis« aus sprühenden Wunderkerzen (»Sternwerfer«) endet diese atmosphärische Aktion, und alle gehen gemeinsam die Strecke zurück, um die unterwegs verteilten Materialien wieder einzusammeln, bzw. zu entfernen.

Hinweis: Bei der Verwendung von offenem Feuer ist selbstverständlich äußerste Vorsicht geboten. Vorher beim Förster erkundigen, da offenes Feuer in der Regel von April bis Oktober im Wald verboten ist. Kleine Taschenlampen sind in so einem Fall die beste Lösung. Sie sollten aber auch nicht zu stark und zu hell leuchten, um die geheimnisvolle Stimmung zu unterstreichen und das Suchspiel etwas interessanter zu machen.

Leuchtschiffchen

Jede/r besorgt sich einen schwimmfähigen Gegenstand (Brett-chen, Korkenfloß, kleines Schiffchen), auf dem ein Teelicht befestigt werden kann. Das Teelicht wird am besten mit doppel-seitigem Klebeband oder einem weichgekauten Kaugummi befestigt. Von einer gut zugänglichen Uferstelle eines Flusses oder Baches läßt jede/r das eigene »Leuchtschiffchen« ins Wasser. Aus einiger Entfernung betrachtet, erzeugen die kleinen, leuch-tenden Boote eine schöne, fast romantische Stimmung.

Anzahl:
Ab 3 SpielerInnen

Material:
Ein Teelicht für jede/n, schwimm-fähige Gegenstände mit Standfläche (Brettchen, Korkenfloß, kleines Schiffchen)

Ort:
Waldrand, Wiese, aber auch überall

Lichtbilder

Einer wird LichtbildnerIn und stellt sich in etwa zwanzig Meter Entfernung auf. Dort »malt« sie bzw. er mit der Taschenlampe Buchstaben in Spiegelschrift, Zeichen oder Symbole nach. Die anderen versuchen herauszufinden, um was es sich handelt. Wer es zuerst richtig errät und ausruft, wird nächster LichtbildnerIn.

Anzahl:
Ab 4 SpielerInnen

Material:
Taschenlampe

Ort:
Überall

Nachtgefühle

Anzahl:
Ab 5 SpielerInnen

Material: –

Ort:
Überall

Alle SpielerInnen suchen in einem begrenzten Spielgebiet verschiedene Gegenstände, die sich möglichst unterschiedlich anfühlen.

Beispiele: *Eine leere Blechdose, ein Stück feuchtes Moos, eine Plastiktüte, ein großes Blatt, einen Wattebausch, ein Büschel Haare, ein Bündel zarte Gräser, ein nasses Stück Holz, ein Rindenstück, einen Kieselstein, etwas Erde.*

Einige SpielerInnen schließen die Augen, während die restlichen eine Gasse bilden. Durch diese Gasse gehen nun die nicht sehenden Personen der Reihe nach langsam hindurch. Die anderen SpielerInnen berühren schweigend mit ihren gefundenen Gegenständen vorsichtig die Wangen, den Kopf oder auch die Oberarme ihrer MitspielerInnen. Sind alle am Ende angekommen, wechseln die Rollen. Am Schluß unterhalten sich alle über die Empfindungen während dieses Spieles.

Variante: Bei älteren SpielerInnen sind auch Geräusche zu den Berührungen erlaubt.

Hinweis: Dieses Spiel erfordert einige Überwindung, insbesondere bei jüngeren Spielern, da es ihnen oft unheimlich wird und sie eventuell sogar Angst bekommen. Hier sollten die anderen SpielerInnen keine krassen, sehr merkwürdige oder unangenehme Gegenstände verwenden. Auch sollten sie keine angsteinflößenden Geräusche erzeugen, vor allem dann nicht, wenn ein/e SpielerIn ohnehin schon Angst hat. Sobald jemand deutlich macht, daß sie oder er Angst hat, sollte die Spielleitung der verunsicherten Person Geborgenheit und Sicherheit vermitteln.

Uhu

Die MitspielerInnen vereinbaren ein abgegrenztes Spielgebiet mit einem Nest (z. B. ein Baum). Eine/r wird erster Uhu und bekommt die Taschenlampe. Alle verstecken sich im Spielgebiet. Der Uhu schreit »Uhu« und macht sich auf die Suche nach Beute. Sobald er das Gefühl hat, daß etwas raschelt oder daß er Beute im Gebüsch erkennt, richtet er die Lampe auf die betreffende Stelle. Sitzt dort eine/r der anderen MitspielerInnen, muß diese/r als Beute ins Nest. Die Lampe muß sofort wieder ausgemacht werden. Sie darf nicht länger als fünf Sekunden angeschaltet bleiben. Sobald das Nest voll Beute ist, also alle MitspielerInnen erwischt sind, gibt es einen neuen Uhu. Vielleicht wird das die Person, die nicht oder zuletzt gefunden wurde.

Variante: Eine/r wird Uhu und stellt sich mit der Taschenlampe in ein festgelegtes Ziel. Alle anderen gehen an den äußersten Rand in einem abgegrenzten Spielgebiet. Ohne vom Uhu gesehen zu werden, versuchen sie sich anzuschleichen und den Uhu einzufangen. Sobald der Uhu ein Geräusch hört, richtet er einen gezielten Lichtstrahl in die betreffende Richtung. Wird jemand in dieser Richtung vom Lichtstrahl angeleuchtet, muß diese/r an den äußersten Rand des vereinbarten Spielgebietes zurück. Die Lampe wird wieder ausgeschaltet, und erst jetzt dürfen die anderen wieder weiterschleichen. Wer es schafft, unertappt zum Uhu zu gelangen und diesen zu berühren, wird nächster Uhu.

Anzahl:
Ab 5 SpielerInnen

Material:
Eine Taschenlampe

Ort:
Wald, Wald- oder Wegesrand

Nachtgeheimnis

Anzahl:
Ab 5 SpielerInnen

Material: –

Ort:
Waldrand, Feldrand mit guten Versteckmöglichkeiten, schmale Gasse oder Hinterhof mit guten Versteckmöglichkeiten.

Eine Strecke mit Start und Ziel wird vereinbart. Eine/r wird StartspielerIn und stellt sich mit geschlossenen Augen an die Startmarkierung. Die anderen Spieler verteilen sich schnell links und rechts im Gelände neben dem Weg. Sobald ein Pfiff ertönt, darf die bzw. der StartspielerIn schweigend die Strecke abgehen. Die anderen verursachen abwechselnd verschiedenste Geräusche, Töne und Klänge.

Hat die aktive Person das Ziel erreicht, ruft sie »Ich bin angekommen«, und alle verlassen ihr Versteck, um sich im Ziel zu treffen. Das bisherige Ziel wird nun Start und der bisherige Start wird Ziel. Wieder verschwinden alle im Gebüsch oder Wald, während eine/r mit geschlossenen Augen auf den Pfiff wartet. Dann geht sie bzw. er in Richtung Ziel und lauscht wieder auf die verschiedensten Geräusche und Klangüberraschungen.

Wenn alle, die wollten, einmal die Strecke entlanggelaufen sind, können sich alle über ihre Erlebnisse und Empfindungen während des Spieles unterhalten. Wie war es, allein im Finstern die Strecke zu laufen? Welche Gefühle entstanden im Versteck? Wie war es, als alle im Ziel zusammenkamen?

Variante: Die MitspielerInnen dürfen nur mit ihrem Körper Geräusche oder Klänge erzeugen. Die aktive Spielerin bzw. der Spieler muß herausfinden, wer die Geräusche verursachte.

Variante: Alle Versteckten erzeugen Töne, Klänge und Geräusche, und die aktive Spielerin bzw. der Spieler muß im Ziel benennen, wie sie zustandekamen.

Hinweis: Dieses Spiel erfordert einige Überwindung, insbesondere bei jüngeren Spielern, da es ihnen oft unheimlich wird und sie eventuell sogar Angst bekommen. Hier sollten die anderen SpielerInnen nicht zu »dick« auftragen und keine angsteinflößenden Geräusche erzeugen, vor allem dann, wenn ein/e SpielerIn offensichtlich Angst hat. Es reicht, »normale« Tierlaute nachzuahmen oder im Geäst zu rascheln. Sobald jemand deutlich macht, daß sie oder er Angst hat, sollte die Spielleitung aus dem Versteck hervortreten und der verunsicherten Person Geborgenheit und Sicherheit vermitteln.

Jolly Jogger und Lilly Linde spielen in der Stadt

»Jetzt sind wir zwar rausgegangen, aber überall gibt's nur Häuser, Straßen und nirgends Platz zum Spielen. Das find' ich richtig blöd«, nörgelt diesmal Jolly vor sich hin. Gut, daß Lilly das etwas anders sieht. »Ach was, wir müssen nur die Stadt für unsere Spiele besser nutzen. Hier können wir Spiele machen, die im Wald oder auf der Wiese gar nicht zu machen sind«. »Heißt das, du hast auch Ideen, was wir hier in der Stadt spielen können?« Lilly strahlt. »Aber ja. Sogar ziemlich tolle. Mit ein paar anderen zusammen kommt auf gar keinen Fall Langeweile auf. Es gibt doch so viele Möglichkeiten«.

Umweltdetektive

Anzahl:
Ab 4 SpielerInnen

Material:
Papier und Stift für jede/n

Ort:
Überall

Die SpielerInnen haben die Aufgabe, in einem begrenzten Spielgebiet auffällige Umweltsünden zu entdecken und zu notieren bzw. sie aufzumalen. Dabei geht es nicht nur darum, alle vorbeifahrenden Autos aufzuschreiben oder aufzumalen, sondern es sollen kleinere und größere Verstöße gegen den Umweltschutz beobachtet und auf einem Blatt Papier vermerkt werden. Am Schluß berichten alle über die entdeckten Umweltverbrechen. Vielleicht gibt es sogar Entdeckungen, die dem Umweltamt zu melden sind.

Hinweis: Im Vorfeld sollte sich die Spielleitung selber einige Sachen notieren, die den Kindern vielleicht nicht so schnell auffallen (z.B. Versiegelung, zu kleine Baumscheiben). Die Spielleitung sollte die Berichte aufmerksam hören, gegebenenfalls Erläuterungen abgeben, wo Umweltsünden zwar vorhanden, aber z. Zt. unumgänglich sind (Autoverkehr) und differenziert einschätzen, ob es Entdeckungen gab, die tatsächlich meldepflichtig sind (z. B. Ablassen von Altöl in den Gulli).

Soviel gibt es in der Stadt

Anzahl:
Ab 4 SpielerInnen

Material:
Papier und Stift für jede/n

Ort:
Überall

Ein Spielgebiet wird vereinbart. Innerhalb einer Stunde sollen alle MitspielerInnen ausschwärmen und möglichst viele verschiedene Pflanzen entdecken und samt ihrem Standort notieren. Balkonpflanzen zählen freilich nicht, sondern ausschließlich die im öffentlich zugänglichen Raum befindlichen Anpflanzungen und Gewächse.

Heiß

Anzahl:
Ab 3 SpielerInnen

Material: –

Ort:
Überall

Ein heißes Spiel. Es wird eine bestimmte Strecke oder ein bestimmtes Ziel vereinbart. Leider ist der flache Boden unerträglich heiß und kann auf keinen Fall betreten werden. Aufgabe ist also, das Ziel zu erreichen, ohne den Boden zu berühren. So müssen alle an Mauersimsen, auf Randsteinen, über Abfallkörbe, Fahrradständer oder Bäume klettern, um das Ziel zu erreichen.

Variante: Der Boden darf mit einem Fuß berührt werden.

Guiness-Statue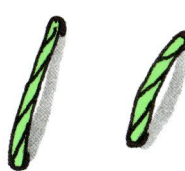

Wer lange übt und etwas Verrücktes macht, kann ins sogenannte »Guiness-Buch der Rekorde« gelangen. Hierin werden außergewöhnliche Höchstleistungen geehrt. Vielleicht klappt es für die MitspielerInnen bei diesem Spiel. Eine/r stellt sich auf einen Absperrstumpf aus Beton. Nach und nach klettern auch die anderen SpielerInnen auf die kleine Standfläche des Pfostens, auf die Füße der anderen oder klammern sich irgendwie fest. Ziel ist es, daß möglichst viele auf diesem kleinen Stempen stehen, ohne mit ihren Füßen den Boden zu berühren.

Variante: Die SpielerInnen können auch ausprobieren, wie viele Menschen in eine geschlossene Telefonzelle passen, auf eine Schubkarre, auf einen liegenden Baumstamm oder in oder auf ein altes Ölfaß.

Anzahl:
Ab 6 SpielerInnen

Material:
Absperrstumpf aus Beton, aber feststehender Abfallkorb oder auch Baumstumpf o.ä., für die Variante eine Telefonzelle, Schubkarre u.ä.

Ort:
Überall

Umzug

Bei einem Altpapier-Container oder in einem Supermarkt müssen viele leere Pappkartons besorgt werden. Dann vereinbaren alle eine Laufstrecke mit einigen kleinen Hindernissen (Slalom-Strecke um drei Begrenzungspfosten, eine kleine Erhebung, der Rand eines Brunnens, eine Ruhebank). Der Reihe nach soll jede/r versuchen, möglichst viele der leeren Kartons die Laufstrecke entlang zu transportieren, ohne eine Schachtel zu verlieren. Wer eine Schachtel fallen läßt, darf sie nicht wieder aufheben. Wer schafft die meisten Kartons?

Anzahl:
Ab 4 SpielerInnen

Material:
Viele leere Pappkartons in unterschiedlichen Größen

Ort:
Überall

Grünes Fest

Anzahl:
Ab 8 SpielerInnen

Material:
Naturmaterialien, Lebensmittel nach Bedarf und Speiseplan, eventuell Schüsseln mit Eisplatten aus der Tiefkühltruhe, Klebstoff, Illustrierten und Zeitungspapier.

Ort:
Wald, Waldrand, Feldrand, Wiese, aber auch überall

Feiern ist immer gut. Dabei sollte allerdings die Gemeinschaft und der Grund des Festes im Vordergrund stehen und weniger die Ausgestaltung mit aufwendigem Material. Ein »grünes Fest« läßt sich gut im Freien auf einer Waldlichtung, am Wald- oder Feldrand, aber auch in der Wohnung feiern.

Mit Naturmaterialien wird die »Festtafel« geschmückt und ausgestaltet. Gestecke aus Rinde, Blättern, langen Gräsern, Blüten und Steinen bilden das Zentrum. An einem »Tisch«-Ende wird eine kleine Landschaft aus Naturmaterialien gestaltet, in und auf der verteilt die Eßwaren plaziert werden. Das sieht ansprechend aus – schließlich ißt das Auge mit. Am anderen Ende stehen in einem »Dschungel« aus Gräsern, Schilf, Rinde und Ästen Getränke bereit. Mitgebrachte Eiswürfel oder in Schüsseln zu Platten gefrorenes Eis sorgen für die notwendige Kühlung. Vielleicht sind es einmal nur Säfte aus Waldbeeren. Als Sitzgelegenheit dienen die weiche Wiese oder herbeigeholte Baumstümpfe, die mit Gras ein weiches »Kissen« verpaßt bekommen haben. Das Fest wird mit Lieblingsliedern der Gäste (wie wär's mit nostalgischen Schlagern aus der Jugendzeit oder aktuellen, fetzigen Kinderliedern?) eingeleitet, gefolgt von Naturspielen, wie sie in diesem Buch beschrieben sind.

Dann wird die grüne »Festtafel« eröffnet und miteinander gegessen. Wer sich viel Mühe geben will, kann das Essen unter ein Motto stellen, zum Beispiel »Grün«. Dann gibt es nur Dinge, die grün sind (Pfefferminztee gekühlt und heiß, grüne Salate, Kräuterbutter, Grünkernsuppe, Waldmeister-Pudding, Kräuterquark, Schnittlauch-Brote). Der Phantasie sind natürlich keine Grenzen gesetzt.

Hinweis: Im letzten Kapitel dieses Buches findet sich ein passender Buch-Hinweis für derartige »inszenierte Essen«.

Variante: Zu Hause müssen zuvor gesammelte Naturmaterialien und Gegenstände auf dem (eventuell mit einem Tuch oder Papierbogen abgedeckten) Tisch plaziert werden. Wem Gräser oder andere Dinge fehlen, gestaltet mit einfachem Papier. Packpapier wird leicht geknüllt und zu einer Landschaft drapiert, Illustriertenseiten werden ganz dünn eingerollt und an einer Spitze langgezogen, so daß ein langes, spitzes Röhrchen entsteht. Mit etwas Kleber wird das langgezogene Ding verklebt, damit es nicht mehr auseinanderrollt. Mehrere dieser langen Papier-Gräser werden zusammengebunden und zwischen Steine gesteckt oder notfalls in eine Vase. Ebenfalls aus Illustriertenseiten bestehen zarte »Gras-Matten«. Dazu wird dicht nebeneinander das Papier sehr schmal eingeschnitten, so daß Fäden wie beim Lametta entstehen. Diese Papierstreifchen können überall als Schmuck angebracht, zusammengebunden aufgehängt oder als Büschel geknüllt in Flaschenhälse oder Joghurt-Gläser gesteckt werden. Aus Zeitung werden Blattformen heimischer Bäume ausgeschnitten und auf der Festtafel drapiert.

Gleich hinterher

Eine/r wird auserkoren, um zu beginnen. Sie bzw. er geht los. Die anderen folgen in gewissem Abstand, machen aber alles genau nach wie die erste Person.

Beispiele:

➤ *Arme schlenkern.*
➤ *Mit einem Fuß immer auf dem Randstein, mit dem anderen auf der Straße laufen.*
➤ *Mit einer Hand an einen Laternenpfahl fassen und einen Kreis drehen.*
➤ *An einer Schaufensterscheibe die Nase platt drücken.*
➤ *Mit der flachen Hand an ein Verkehrsschild schlagen.*
➤ *Über eine Absperrkette balancieren.*
➤ *An einem Blumenbeet stehenbleiben und den Duft einer bestimmten Blüte tief einatmen.*
➤ *Am Obststand einen einzelnen Apfel kaufen und gleich reinbeißen.*
➤ *Ein bestimmtes Lied pfeifen.*
➤ *Zwei Ärmel und ein Hosenbein hochkrempeln.*
➤ *Jodeln.*
➤ *Plötzlich leicht gebeugt gehen und eine Hand dabei auf den Rücken legen.*

Traumstadt

Jede/r hat sich schon mal vorgestellt, was sein müßte, damit es schöner, besser, lebenswerter wäre. Die SpielerInnen sammeln in ihrer Umgebung umherliegendes Material. Hieraus gestalten sie gemeinsam ihre »Traumstadt«. Dabei beraten sie gemeinsam, was unbedingt erforderlich ist, welche Gebäude oder Einrichtungen vorhanden sein müssen, wie die Umgebung und die Einbindung der Gebäude in die Natur aussehen soll, wie die Leute sich fortbewegen, wo sie einkaufen oder ihre Krankheit auskurieren. Alles, was den BaumeisterInnen einfällt, wird beraten und dann gemeinsam der Bauplan entworfen. Aus den vorhandenen Gegenständen wird dann gebaut. Am Ende gibt das einen wunderschönen dreidimensionalen Plan.

Hinweis: Das Ergebnis könnte sicher auch bei einem Stadtrat Eindruck machen und die EntscheidungsträgerInnen vielleicht zu einem Umdenken bewegen. Zumindest könnte die »Traumstadt« die Damen und Herren in den Räten dahin bringen, einiges der Ideen in die Tat umzusetzen. Ein Versuch ist es wert.

Anzahl:
Ab 4 SpielerInnen

Material:
Umherliegende Materialien, etwas Pappe, um die Ideen aufzukleben, Klebstoff

Ort:
Überall

So war das früher

Die SpielerInnen schwärmen im vereinbarten Spielgebiet aus und befragen Passanten nach deren Erinnerungen, was sich in den letzten zehn Jahren in der Stadt verändert hat. Nach einer Stunde treffen sich alle und berichten gegenseitig von ihren Erfahrungen. Wer hat die interessantesten Informationen herausgefunden?

Variante: Es kann auch eine »Spurensicherung« entstehen, indem die Spielaufgabe um Fragestellungen erweitert wird, die sich mit der Geschichte der Stadt, des Ortes, des Dorfes beschäftigen. So könnte nach der Bedeutung bestimmter Straßennamen geforscht werden, gefragt werden, was ein bestimmtes, verfallenes Gebäude früher beherbergte, wem ein verwahrlostes Grundstück gehört, wer die berühmtesten Persönlichkeiten vor fünfzig Jahren in dieser Stadt, diesem Ort oder Dorf waren usw.

Anzahl:
Ab 4 SpielerInnen

Material:
Papier und Stifte für jede/n

Ort:
Überall

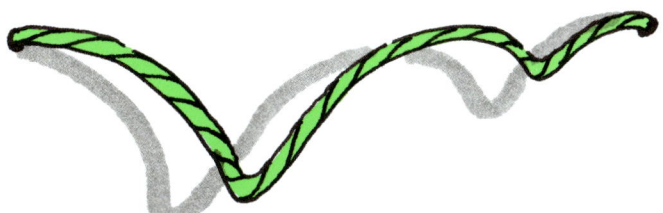

Quatschgang

Anzahl:
Ab 6 SpielerInnen

Material: –

Ort:
Überall

Jede/r denkt sich eine absolut verrückte Art zu gehen aus. Bei diesem »Quatschgang« können die Beine hoch oder stark nach vorne geschleudert werden. Dabei könnten sich die SpielerInnen gleichzeitig immer zur Seite drehen. Oder eine Hand wird im Takt nach oben gestreckt und dabei gepfiffen. Der Phantasie sind keine Grenzen gesetzt, Hauptsache die SpielerInnen haben ihren Spaß an der Sache. Es ist allerdings in keinem Fall erlaubt, zu lachen oder deutlich zu machen, daß es sich um ein Spiel handelt. Alle bleiben absolut ernst. Das ist der Witz an der Sache.

Hinweis: Im Anschluß trifft sich die Spielgruppe an geheimer Stelle, um sich richtig auszulachen und vielleicht über die Erlebnisse unterwegs zu reden.

Zum Autor

Uli Geißler, Jahrgang 1956, ist verheiratet mit Rosi und ist Vater von Benedikt und Ferdinand. Ausgebildet ist er zum Rummelsberger Diakon, Spiel- und Kulturpädagogen.

Als Dekanatsjugendreferent arbeitet er für das Evang. Jugendwerk in Neu-Ulm. Dort veranstaltet er unter anderem einmal jährlich Bayerns größte Mitspiel- und Spielberatungsaktion »KOMM, SPIEL MIT«. Die Carrom-Spielgemeinschaft »Indian Breaks Ulm/Neu-Ulm« hat er ebenso gegründet wie diverse Spielekreise, beispielsweise die Gruppe »Rauchende Würfel«.

Er ist Autor zahlreicher Spielebücher für Gruppen und Familien. Mehrere Gesellschaftsspiele sind von ihm erschienen, u.a. »Am Ende des Regenbogens« im Ökotopia-Verlag. Als freier Fachautor und Spielekritiker schreibt er für einige bekannte Zeitschriften und Magazine. Er betreut eine Spielesendung bei »Radio Donau 1«. Spiel- bzw. kulturpädagogische Kurse und Seminare gibt er als Gastdozent beispielsweise an der renommierten Akademie Remscheid. Er ist Mitglied im »Ausbildungs-Rat« der »Arbeitsgemeinschaft Spiel in der Evangelischen Jugend in Deutschland« (AGS) und zudem Mitbegründer, Sprecher der AGS BAYERN.

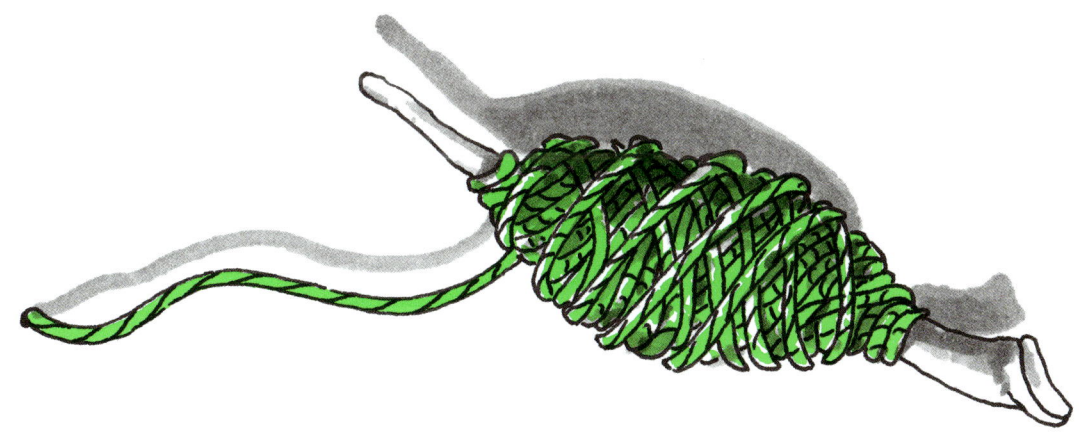

Spiele-ABC

Interessante Spiele-Bücher

Das große Drachenbuch (Drachen-Geschichte, Modelle, Fliegen und Bauen), Paul und Helene Morgan, Ravensburger Buchverlag 1993.

Der Geist über den Tellern (Inszenierte Mahlzeiten), Helmut Oesting, Moby Dick Verlag 1992.

Drachen (Fünf Modelle mit ausführlicher Bauanleitung), Michael Geßner, Frech-Verlag 1987.

Drachenbuch für Kinder (Auch mit Kindern einfach nachzubauende Modelle), Walter Diem, Ravensburger Buchverlag 1986.

Entdeckungsspiele für die ganze Familie (Rallyes zu Fuß und mit dem Fahrrad), Ulrich Vohland, Falken-Verlag 1993.

Flugobjekte zum Selberbauen (Heißluftballons, Helikopter, Wurf und Katapultflieger, Drachen, Bumerangs, Papierflieger), Walter Diem, Hugendubel Verlag 1989.

Jana im sprechenden Wald (Staunen und Fühlen – Lachen und Spielen mit Waldbewohnern), Regina Klünder, Ökotopia Verlag 1991.

Jetzt geht's rund (Spielaktionen für kleine und große Gruppen), Uli Geißler, Ökotopia-Verlag 1992.

Kartoffeln in der Tonne (160 Aktivitäten »um Welt« zu erleben), Mechthild Hettich u.a., Ökotopia Verlag 1992.

Kinder-Spielekartei, Annette Breucker u.a., Ökotopia Verlag 1989.

Kommt mit, wir machen was! (Das Umweltbuch für alle, die mit Kindern leben), Rudolf R. Knirsch, Ökotopia Verlag 1990.

OXMOX OX MOLLOX (Kinder spielen Indianer), Jörg Sommer, Ökotopia Verlag 1992.

Saure Zeiten (Viel Theater mit der Umwelt), Helga Bachmann und Stephanie Vortisch, Ökotopia Verlag 1989.

Schmusekissen Kissenschlacht (Spiele zum Toben und Entspannen), Annette Breucker, Ökotopia Verlag 1993.

Sommerspiel (Heiße Ideen für Kindergruppen und Spiele für die warme Jahreszeit), Achim Schenk (Hrsg.), Burckhardthaus-Laetare-Verlag 1992.

Spiel und Spaß auf Reisen (Spiele für die ganze Familie), Uli Geißler, Falken-Verlag 1990.

Spiel und Spaß zu Hause (Spiele für die ganze Familie), Uli Geißler, Falken-Verlag 1990.

Spielausflüge (Rallyes und Spiele im Grünen), Walter Diem, Rowohlt Taschenbuch Verlag 1988.

Steiner Spielkartei (Elemente zur Entfaltung von Kreativität, Spiel und schöpferischer Arbeit in Gruppen), Wolfram Jokisch, Ökotopia Verlag 1992.

Tausendfüßlers Taschentuch (Spiele mit Seilen und Tüchern), Uli Geißler, Ökotopia-Verlag 1990.

Unsere Umwelt entdecken (Spiele und Experimente für Eltern und Kinder), Rudolf R. Knirsch, Ökotopia Verlag 1990.

Winterspiel (Spiele für die kalte Jahreszeit), Uli Geißler, Burckhardthaus-Laetare-Verlag 1990.

Spannende Umwelt-Spiele

Ökolopoly (von Frederic Vester) für Kinder, Jugendliche und Erwachsene ab 14 Jahren. Ein kybernetisches Planungsspiel, das wirtschaftlich-produktive und ökologische Zusammenhänge in ihren Abläufen verständlich deutlich macht. Die SpielerInnen können Einfluß nehmen und Entscheidungen treffen, dabei die Folgen hieraus simulieren und erkennen. Otto Maier Spieleverlag GmbH 1986

Am Ende des Regenbogens (von Uli Geißler) für Kinder ab 5 Jahren, Eltern und ErzieherInnen.
Das kooperative, von der Zeitschrift »Öko-Test« (Sonderheft 11/93 »Kinder«) als »empfehlenswert« eingestufte Umweltspiel zeigt auf einfache und kindgerechte Weise, was Umweltschutz bedeutet. Es regt die SpielerInnen zu gemeinsamem Denken und Handeln an, ohne pädagogisch einzuengen. Alle SpielerInnen helfen dem kleinen Umweltfreund Knud, die Umweltsünden des »Schmutz-Ich« (das sind letztlich alle Menschen) zu verhindern. Dann kann der Regenbogen weiterhin auf »Grünland« zeigen, und es ist gerettet, ohne daß es endgültig mit »Schlimmatsch« zugeschüttet wird. Ökotopia-Verlag 1992.

Das Umweltspiel (von Wiltrud Osterloh und Gunter Strüven) ab ca. 12 Jahren.
Ein lehrreiches und spannendes Umweltspiel, in dem sich immer neue Spielmöglichkeiten ergeben: Wer setzt sich durch – der skrupellose Umweltverschmutzer oder der Umweltschützer?
»Ein faszinierendes Spiel, das mit sehr viel Überlegung entwickelt wurde und auch den Spielern sehr viel Überlegung abverlangt.« (Aus: Besser Leben, Juli/Aug. 1993). Ökotopia Verlag 1990.

Das Froschwanderspiel – Wir helfen den Fröschen (von Karin Rübel) von 7 bis 99 Jahren.
Froschlurche wandern vom Winterquartier zum Laichwasser. Hier wurden sie vor einigen Jahren geboren, hier wollen sie nun laichen. Doch begegnen den Fröschen auf dem Wanderweg viele Gefahren. »Karin Rübel hat aus dem langen Weg der Frösche ein Miteinanderspiel gemacht, dem es gelingt, spielend Einblicke in ökologische Lebenszusammenhänge zu ermöglichen. « (Aus: Eselsohr 05/93). Ökotopia Verlag 1992.

Mit-Spiel-Lieder und Bücher aus dem Ökotopia Verlag

4. Auflage

Bereits über 10.000 verkaufte Exemplare

Annette Breucker

Da ist der Bär los...

Kooperative Mit-Spiel-Aktionen für kleine und große Leute ab 3 J.

Ein aufregendes Spiel- und Aktionsbuch für kleine und große Gruppen, für drinnen und draußen, mit bewegten und ruhigen Spielen und lustigen Liedern.

Presseecho:
„...ein reizvolles, spannendes und lustiges Unternehmen... Endlich einmal etwas Neues auf dem Spielbuchmarkt! - Empfehlenswert."
(Aus: Das neue Buch/Buchprofile, 1/91)

Format/Ausstattung: 128 S., zahlreiche Illustationen von Susanne Szesny
ISBN: 3-925169-24-5   **Preis:** 32,- DM

MusiCassette

Dirk Rubin
und Günther Denkler

Da ist der Bär los...

Mit-Spiel-Lieder für kleine und große Leute
Eine freudige KinderMusi-Cassette für alle ab 3 J.
Endlich gibt es eine klingende Begleitung zu dem gleichnamigen Buch! Dirk Rubins Lieder eignen sich hervorragend zum Nachspielen und Miterleben in großen und kleinen Gruppen. Sie sind eingängig, nachsingbar und überzeugen durch ihre Leichtigkeit. Die Texte sind erfrischend klar formuliert, mal ausgelassen, mal engagiert, niemals jedoch kindertümelnd.

ISBN: 3-925169-58-X   **Preis:** 19,80 DM

Annette Breucker, Dirk Rubin

Schnickschnack

Verrückte Lieder, Geschichten und Spiele mit dem Schabernackbär ab 4 J.

Das Buch entführt alle kleinen und großen Leute mit phantasievollen und abenteuerlichen Geschichten in die Welt des lebendigen Spielzeugs und regt mit vielen Spielen, Liedern und Bastelideen zum Mitspielen an.
Ein spannendes Vorlese-Spiele-Lieder-Bastelbuch für alle, die Lust haben, mal wieder richtigen Schabernack zu treiben.

Format/Ausstattung: 112 S., 27x21 cm, durchgehend s/w Illustrationen von Susanne Szesny.
ISBN: 3-925169-56-3   **Preis:** 29,80 DM

MusiCassette

Dirk Rubin

Schnickschnack

Dreizehn phantastische Abenteuerlieder ab 4 J.
Dreizehn Lieder führen in eine abenteuerliche und phantasiereiche Kinderwelt: Dirk Rubins Lieder lassen Nachspielraum. Die schwungvolle Musik und die verständlichen Texte bieten sich an, in kleinen und großen Gruppen nachgespielt und weiterentwickelt zu werden.

ISBN: 3-925169-57-1   **Preis:** 19,80 DM